Aki oto

Dono das palavras

Yamaluí Kuikuro Mehinaku

Aki oto

Api akinhagü

Dono das palavras

A história do meu avô

edição bilíngue
kuikuro/português

apresentação e notas
Carlos Fausto

todavia

As mil e uma tarefas de um tradutor indígena, por Carlos Fausto **9**

Üle atehe isakinhagüpe engalü uheke/
Agora eu conto a história dele **15**

c. 1922

Ankgipügü/ Nascimento **17**

1931

Ahijão tuãkualu üntepügü/ O italiano e o hidroavião **18**
Makaigiko kagaihatepügü/ Batismo entre os Bakairi **21**

c. 1936

Hüati taüginhü/ O falso pajé **26**
Ihügi hunguki tüipügü/ Levando o troco **29**
Tuepügü/ Ferida **34**

1940

Tatute egi/ Todos os cantos **36**

1944

Nilo etimbepügü/ A chegada de Nilo **38**
Xingu anetügü/ Chefe do Xingu **40**
Kujapa/ Cuiabá **42**
Faoseti higü/ O neto de Fawcett **47**

1945

Asã hungupe/ Carne de veado **52**

1946

Aki oto/ O dono das palavras **61**

c. 1948

Itãdene/ Casamentos 72

Nahũ itagimbakipügü/ A luta de boas-vindas 76

Kahü atati utetai/ Eu vou pelo céu 78

1949

O'o ihetühügü agitsuẽgü heke/ A varíola de minha avó 97

Tisügühütu hüngü igei küngapenümi/ Cadeia não é nosso costume 99

Rondon kolagüpe/ As miçangas de Rondon 103

1952

Ahijão üntegoho Galeão/ A inauguração do Galeão 106

Faoseti ipügüpe/ Os ossos do coronel 108

Kagaiha engikogu honi/ O fascínio da mercadoria 125

1954

Ügühe kuẽgü/ Epidemia 133

1959

Ngikogo/ Índios bravos 139

Ukugekijü/ Fazendo gente 152

1960

Etimokinge/ Mudança 159

Kajapiko imokipügü/ A transferência dos Kayabi 165

Anetãoko etuhutepügü/ Encontro de chefes 167

Pape pila ikīdühügü/ Lutando sem documentos 169

Atigianu tuhunkgetinhügü/ As nucas quebradas de Adriano 171

c. 1963
Atanekijü kuale ülei/ Não pense que você é chefe **180**

Anos 1970

Teloko kugeko kügisatühügü/ Cuidando dos outros **184**
Imütonkgisatühügü/ A crítica **187**

1982

Washigton tepügü Xinguna/ Washington no Xingu **190**

Anos 1990

Upügüi leha etepügü Pakuerana/ A última viagem a Pakuera **191**
Ehu ngongalü Brigadeiru/ Metrô Faria Lima **192**
Fauseti ipügüpe uhinhiko/ Ainda o caso dos ossos **193**

Anos 2000

Alamakipügü/ A queda **195**
Anetüi leha apüngü/ Morrer chefe **197**
Ãde utsatagü/ Agora me apresento **198**

Anexo **199**
Trajetória de Nahũ Kuikuro **201**
Créditos das imagens **203**
Agradecimentos **204**
Notas **205**

As mil e uma tarefas de um tradutor indígena

Carlos Fausto*

> [...] *toda tradução é apenas um modo algo provisório de lidar com a estranheza das línguas.*
>
> Walter Benjamin, "A tarefa do tradutor"**

Lá se vão mais de quinze anos, mas ainda tenho a cena gravada na memória. Era uma dessas manhãs resplandecentes da estação seca no Xingu. A praça da aldeia Kuikuro se enchia com o afluxo dos convidados para o Quarup. Já pintados e preparados para a luta, os anfitriões formavam um grande círculo cingindo a praça, deslocando-se vigorosamente. No meio do pessoal, avistei Yamaluí erguendo um cartaz com os braços bem esticados. Aproximei-me e li: "Obrigado meu avô".

Das muitas maneiras possíveis para homenagear o avô — que já estava recebendo a maior das homenagens no Xingu —, Yamaluí escolheu a escrita e, em particular, a escrita em português. Isso diz muito sobre o autor deste livro e também sobre o seu biografado: Nahũ Kuikuro, um dos primeiros indígenas do Alto Xingu a aprender português, antes mesmo da chegada dos irmãos Villas Bôas à região. Por meio século, Nahũ seria um dos grandes tradutores e mediadores das relações entre indígenas e não indígenas, tendo papel ativo na luta pela criação do Parque do Xingu. Como ele mesmo dizia, "nós lutamos sem papel, sem documentos" (*pape pila*), e anunciava que as novas gerações lutariam "com papel" (*pape ake*).

Este livro é a objetivação do vaticínio de Nahũ, mas com uma torção que, àquela altura, ele não poderia prever. Seu neto não escreveria apenas documentos administrativos — tão importantes para a participação efetiva na gestão do território e na administração da escola e da saúde em terras indígenas. Não! Ele iria além dos ofícios, explorando um outro estilo de escrita,

---

* Professor de antropologia do Museu Nacional, Universidade Federal do Rio de Janeiro; foi Global Scholar da Universidade de Princeton (2021-4). Realiza projetos entre os Kuikuro desde 1998. ** *Escritos sobre mito e linguagem (1915-1921)*. Trad. de Susana Kampff Lages. São Paulo: Duas Cidades; Ed. 34, 2013, p. 110.

com outra finalidade. Yamaluí resolveu contar a história do avô, grafando sua vida em papel para que ela não seja esquecida.

O desejo de narrar a vida do avô veio-lhe, como ele mesmo nos conta, após assistir ao filme *Xingu*, de Cao Hamburger, em 2012. Na fita, Nahũ desaparece da estória e da história. Yamaluí busca desfazer esse apagamento, narrando os acontecimentos do último século no Xingu a partir da vida de seu avô e da perspectiva de sua família.* Ao mudar o foco, o autor narra acontecimentos que não resultam somente da ação de figuras heróicas como Rondon ou os irmãos Villas Bôas, mas são também frutos da intensa negociação de chefes e lideranças indígenas — figuras ímpares que buscaram mediar a relação com os caraíbas recém-chegados e situar seus povos na nova paisagem social que, então, se configurava.

Se não fosse por essa reconfiguração, não ouviríamos falar de Nahũ. Ele não era "chefe" ou "nobre", duas traduções possíveis para o termo kuikuro *anetü*. Nahũ fazia questão de dizer que nasceu numa Casa de Chefe, numa *tajühe*, mas ele mesmo não era chefe. Para piorar, cedo se tornou órfão, e o futuro não parecia reservar-lhe nada de muito especial. Contudo, nos anos 1930, ainda menino, ele foi com seus parentes até a aldeia Bakairi de Pakuera, onde o Serviço de Proteção aos Índios já instalara um posto indígena. Foi lá que ele aprendeu português, o que lhe deu uma cabeça de vantagem quando, nos anos 1940, as expedições do Estado brasileiro alcançaram o Alto Xingu e resolveram lá instalar suas bases. Havia, então, pouquíssimos indígenas capazes de desempenhar as funções de mediador e tradutor — dentre eles, havia Nahũ.

Seu conhecimento do português fez dele um "dono das palavras" (*aki oto*), alguém capaz de transitar entre mundos, estabelecer pontes e estrategicamente magnificar-se em um meio hierárquico, no qual, por definição, ele não era um *anetü*, um "nobre", um "chefe" — e nem poderia se tornar,

---

* Nem tudo, porém, foi apagamento. Alguns textos etnográficos e algumas reportagens fizeram referência a Nahũ. Sua vida foi contada por Bruna Franchetto, que se baseou em duas narrativas gravadas com o próprio no começo dos anos 2000, uma por ela mesma e outra por mim e Mutuá Mehinaku. Este último, irmão mais velho de Yamaluí, escreveu uma dissertação de mestrado na qual também conta alguns dos episódios aqui narrados. Ver Bruna Franchetto, "Autobiographies of a Memorable Man and Other Memorable Persons (Southern Amazonia, Brazil)", in: S. Oakdale e M. Course (Orgs.), *Fluent Selves*. Lincoln: University of Nebraska Press, 2014, pp. 271-309; e Mutuá Mehinaku, *Tetsualü: Pluralismo de línguas e pessoas no Alto Xingu*. Dissertação de mestrado, PPGAS-Museu Nacional-UFRJ, 2010. Dissertação de mestrado.

pelo menos não em vida. Em um dos momentos críticos do livro, já nos anos 1960, um *anetü* repreende-o durante a distribuição de presentes trazidos pelo cineasta Adrian Cowell: "Não pegue a espingarda, não pense que você é chefe". Muitos o viam como um arrivista, que conseguira ascender graças aos não indígenas; outros reconheciam a sua importância e a ele se aliaram. Com toda a admiração que nutre pelo avô, Yamaluí não esconde essa tensão, que emerge em vários momentos do texto.

Aki oto é, antes de tudo, uma biografia política, em sentido xinguano — ela fala de chefes, indígenas e não indígenas, e das relações entre eles. Dentre os últimos, temos indigenistas como Rondon e os Villas Bôas, personalidades como Darcy Ribeiro, jornalistas como Antonio Callado, e também ex-presidentes da República como Getúlio Vargas e Fernando Collor de Mello. Muitas histórias são perpassadas pelo fantasma do coronel Percy Fawcett, que desapareceu no Xingu em 1925, ao buscar obcecadamente uma cidade perdida no meio da floresta. Durante décadas, expedições e mais expedições foram enviadas para descobrir o paradeiro do explorador britânico. Aqui, acompanhamos essa história da perspectiva indígena, escancarando o ridículo da obsessão colonial de e sobre Fawcett.

Mais importantes, porém, são os muitos chefes indígenas citados ao longo do texto, pessoas que foram famosas no Alto Xingu e com as quais Nahũ conviveu, ocupando um espaço que soube conquistar com muito esforço, graças à sua posição de tradutor e o acesso privilegiado que tinha às mercadorias. Isso era um trunfo que lhe permitia jogar também dentro das regras locais. Com sua memória prodigiosa, Nahũ se tornou uma verdadeira biblioteca viva: conhecia quase todo o imenso repertório de cantos rituais, conhecia centenas de rezas e conhecia também profundamente a mitologia. Boa parte desse conhecimento ele obteve nos anos 1940 com seus tios, mas também ao longo do tempo por meio de pagamento, como é o costume no Alto Xingu: quem não paga, não presta atenção, diz-se. Nahũ se tornou um respeitado especialista ritual.

Não obstante, ele sabia bem que havia limites ao seu prestígio: ele poderia tornar-se uma "liderança", mas não um *anetü*. Por maior conhecimento que possuísse, por maior influência que exercesse, não seria jamais completamente legítimo. Por isso, investiu para que seus descendentes o fossem. Primeiro, casou-se com uma mulher de origem nobre, de tal modo que seus três filhos pudessem reivindicar a condição de *anetü* (ainda que pela metade). Em seguida, cuidou do casamento de seus filhos, em especial de seu primogênito, Jakalu, cuja primeira esposa é irmã do chefe Afukaká. O primogênito de Jakalu nasceu, assim, *anetü* pelo lado paterno e materno. Em 2001, foi o cabeça de um grande ritual de furação de orelhas.* Embora completamente *anetü*, ele parece não ter nem a personalidade nem a vontade para ser um verdadeiro chefe executivo. Ironias da história.

Consciente de seu lugar no mundo xinguano, Nahū sabia que dificilmente teria um Quarup para si — esse majestoso ritual que encerra o luto pela morte de um chefe ou de um campeão de luta. A rigor, Nahū não era nem um nem outro. Talvez por isso costumasse dizer a seus filhos que não queria ser homenageado em um Quarup, mas sim em um Javari, do qual fora exímio cantor. A despeito de sua vontade (ou de seu temor), ao morrer Nahū acabou sendo comemorado como um verdadeiro *anetü* em um dos maiores Quarup a que pude assistir.

O autor deste livro, Yamaluí, é filho de uma das filhas de Nahū: Yamunuá Ipi. Ela se casou com Kumatsi, um homem mehinaku, de dupla ascendência nobre. Mutuá, irmão mais velho de Yamaluí, foi feito chefe ritualmente, fez mestrado em antropologia no Museu Nacional, foi vereador de Gaúcha do Norte e, hoje, é o diretor da escola na aldeia de Ipatse. Mutuá percorreu um caminho contemporâneo do prestígio. Poderia ter se tornado um mestre de luta (*kindoto*), mas gostava muito de estudar. Acabou se transformando em um outro tipo de mestre, dedicando sua dissertação ao avô, "por ser a origem da minha aprendizagem" (M. Mehinaku, 2010).

Yamaluí percorreu um caminho diverso, embora também inspirado no avô. Nunca quis sair para estudar, adora trabalhar na roça e vive feliz na aldeia com sua esposa e filhos. A trilha que conduz a este livro foi aberta de outro modo: com o facão da pesquisa. Tanto Mutuá como Yamaluí têm um talento particular para a tradução, pois cresceram em uma família bilíngue, com o pai falando mehinaku e a mãe, kuikuro. No início dos anos 2000, quando Bruna Franchetto passou a coordenar, entre os Kuikuro, um dos primeiros projetos DoBes-Max Planck Institute for Psycholinguistics de documentação de línguas em perigo, os dois irmãos se destacaram como colaboradores. Foram treinados em técnicas de pesquisa, gravação, transcrição e tradução. No começo, gravávamos em fitas cassete (logo

---

* Não sei dizer o que passou pela cabeça de Nahū na ocasião. Ser o primeiro na furação de orelha é uma distinção ímpar no Alto Xingu. Só sei dizer que foi nessa ocasião — já velho e surdo — que ele quis narrar a sua história para Bruna Franchetto.

substituídas por MiniDiscs) e Yamaluí transcrevia a gravação na página esquerda de um caderno aberto. Depois, juntos, escrevíamos a tradução na página à direita, de maneira semelhante às colunas com que este livro foi diagramado. Para Yamaluí era uma boa oportunidade para aprender português, que ele ainda dominava pouco. Com o passar do tempo, o trabalho como auxiliar de pesquisa se mostraria também uma fonte para a aquisição de outros conhecimentos, sobretudo o da mitologia. Foi, aliás, Yamaluí quem transcreveu e traduziu as duas gravações que fizemos com Nah̃ũ, que então já era conhecido por seu nome de velhice, *Utuhususu*, "Velha armadilha de pesca".

Este livro foi concebido por Yamaluí como resultado de uma pesquisa biográfica. Ele começou viajando para a aldeia Bakairi de Pakuera, onde entrevistou a centenária dona Laurinda, contando com a ajuda tradutória de seu amigo Bruno Maiuka Bakairi. Em seguida, gravou várias narrativas com seus familiares, especialmente com seu tio materno, Jakalu, e com sua mãe, Yamunuá. Reuniu também os vários primos na aldeia Paraíso, fazendo uma roda de conversas, em que cada qual lembrava partes da história do avô. Transformou cada episódio da vida de Nah̃ũ em um arquivo. Transcreveu-os e traduziu-os, alinhando-os cronologicamente a partir de datas que pesquisou na internet e em suas viagens às cidades.

Esse material bruto, contendo diferentes vozes, foi reunido e adaptado com a ajuda de Daniel Massa, Rafael Zacca e, na parte final, João Carlos de Almeida.* Os professores indígenas Mutuá Mehinaku e Trukuma Rui Kuikuro cuidaram da correção ortográfica em língua kuikuro, cabendo a Bruna Franchetto fazer a revisão final. Coube a mim, além de apresentar o livro, rever o manuscrito como um todo e escrever as notas para facilitar a compreensão do leitor que não conhece o mundo xinguano. Em minha revisão, pude discutir várias opções tradutórias com Yamaluí por meio de aplicativo de mensagem. Acabamos por fazer algumas interferências com o objetivo de trair um pouco mais a língua-destino (o português), inserindo expressões que permitam à língua-fonte (o kuikuro) deslocar e incomodar o idioma hegemônico. Daí também a escolha por uma edição bilíngue. Quer-se, assim, evitar um outro apagamento: o da própria língua indígena.

---

* Massa e Zacca estiveram em Ipatse, em 2021, para montar uma biblioteca na escola e oferecer uma oficina de escrita criativa. Nessa ocasião, trabalharam com Yamaluí no manuscrito.

Üle atehe isakinhagüpe engalü uheke
Agora eu conto a história dele

Depois de assistir ao filme *Xingu*, dirigido por Cao Hamburger, comecei a pensar em escrever um livro sobre o meu avô. Eu sabia que o meu avô tinha sido um grande lutador pela demarcação da Terra Indígena do Xingu. Foi protagonista em defender os direitos indígenas do Xingu, e grande personagem na história dos irmãos Villas Bôas. Mas infelizmente o nome dele não aparece no filme.

No começo, eu não tinha dinheiro para levar adiante o projeto do livro. Eu tinha amigos não indígenas para me apoiar, mas não deram conta de financiar o meu projeto. Tentei mandar projetos para diferentes editais, mas nenhum foi aprovado. Foram dois anos nessas tentativas. Em 2013, eu comecei a escrever o livro sem apoio financeiro.

A história do meu avô começa com o povo Bakairi. Para chegar na aldeia dos Bakairi, eu precisava de dinheiro. Precisava de seiscentos reais. Eu não tinha salário, mas era beneficiário do programa do governo Bolsa Família. Recebia 150 reais por mês. Comecei a juntar o dinheiro por quatro meses para chegar ao valor de seiscentos reais. Serviria para abastecer minha motocicleta, para chegar à cidade de Gaúcha do Norte, pagar um hotel na cidade e comprar passagem para chegar ao município de Paranatinga, onde estão os Bakairi. De lá de Paranatinga, precisava abastecer a motocicleta para chegar à aldeia dos Bakairi em Pakuera, onde meu avô aprendeu a falar português.

Juntei dinheiro até alcançar o valor de seiscentos reais e aí fui até lá. No dia 28 de outubro de 2014, eu saí da aldeia Ipatse Kuikuro, onde vivo. No dia 30, cheguei à cidade de Paranatinga e me hospedei no Hotel Nossa Senhora Aparecida. No dia seguinte, meu amigo Bruno Bakairi foi me buscar em Paranatinga, e à tarde cheguei à aldeia Pakuera. Fiquei hospedado na casa do meu amigo Bruno, onde fui bem recebido.

No dia 31, fui perguntar pela sra. Laurinda Komaedâ Bakairi — a mulher mais velha da aldeia, 104 anos, viúva de Luís Apakano Bakairi. Apakano foi grande amigo de Nahũ Kuikuro, meu avô. Dona Laurinda me contou que Nahũ passou por lá quando era ainda menino. Ele se chamava Tsikigi àquela altura. Sua mãe se chamava Hugasa. Külahi e seu filho Tisa estavam juntos com eles, além de um Waurá que se chamava Makujaua e estava com sua esposa. Alguns anos depois, ele voltou, já com o nome Nahũ. Dona Laurinda não sabia a qual tribo ele pertencia. Nahũ morou na aldeia Pakuera, depois morou no posto Maranata dos padres alemães. Tirei foto com a senhora, ela me cobrou cinquenta reais, mas eu acabei negociando com miçanga, e ela aceitou.

No dia 1º de novembro de 2014, bem de manhã, saí de Pakuera e peguei um ônibus para Gaúcha do Norte, de onde voltei à minha aldeia de motocicleta. Cheguei às cinco horas da tarde. E então comecei a escrever este livro.

Meu avô colhia pequis em outra aldeia. Tinha se mudado para Ipatse havia pouco tempo. Quando ficou sabendo que eu tinha nascido, comemorou com um grito. Cresci junto aos meus avós. Meu tio, minha tia, minha mãe, todos juntos, numa única casa. Quando a família aumentou, meus avós foram morar com o meu tio Jakalu, na casa ao lado.

Sempre que brigava em casa com meus irmãos, eu ia para a casa do meu avô. Morei com ele diversas vezes. Nessas ocasiões, me deitava na rede em cima da rede da minha avó. Quando esquecia das brigas, voltava para casa — mas depois, quando brigava novamente, retornava à casa do meu avô.

À noite, meu avô Nahũ sempre me contava histórias. Histórias dos antigos. A origem do ser humano, a origem da água, a origem das festas e o canto dos papagaios, que até hoje tenho na memória. Aprendi com ele a música dos papagaios e do ritual da onça. Até hoje eu sei. Ainda vou cantar o canto da onça e outros durante uma noite inteira. Meu primo Tagukagé aprendeu outros cantos com Nahũ, e agora estou aprendendo com ele os que não sabia. Hoje sou mestre dos cantos. A primeira reza que aprendi com meu avô foi a reza do timbó.

Meu avô me via magrinho, e duvidava que eu teria capacidade para ser cantor, se teria coragem. Me dizia: "Será que você vai ter coragem? Você não pode ficar com o canto só na sua memória".

Meu avô era da cultura, das festas, dos cantos. Aprendi com ele os conhecimentos tradicionais. Agora eu conto a vida dele.

c. 1922

Ankgipügü

Nahũ ankgilüha Kuhikugute.
Ankgilüha tajühe ata isãupügüpe
 Kahalati üngümbüaha.
Isũüiha Jakalu Jagamü, isiha
 Hugasa Kuhikugu.
A ngikona ngapoha inhunegü ataiha
 aiha etimokilüko leha.
Etimokilüko leha Alahatuánaha,
 Alahatuána.
Aiha tita leha itsagü tamitsi leha
 itsagü.
Etinkgukitagü tüti angatügü kae.
Aiha ĩdzonhoi geleha atai isũüpe
 apüngu leha Alahatuáte.
Isi inhügü geleha.
Isi hisũügüiha Atahu otohongoiha
 ihinhanoiha Aguja.
Aiha ünago heke leha inkgukilü.

Nascimento

Foi em Kuhikugu que Nahũ nasceu
Dentro da casa de chefe, de seu avô,
 Kahalati.
O pai de Nahũ era Jakalu Jagamü
 e a mãe, Hugasa Kuikuro.
Não sei quantos meses depois do
 nascimento, mudaram-se para a
 aldeia Alahatuá.[1]
Moraram muito tempo por lá.
Nahũ cresceu com o leite de sua mãe.
Algum tempo depois, faleceu o pai.
Ainda era bebê quando seu pai o
 deixou.
Morreu em Alahatuá.
Só ficou a mãe.
O irmão da mãe era Atahu.
O irmão mais velho era Agujá.
Foram eles que o criaram.

1931

Ahijão tuãkualu üntepügü

Ngikona ngapaha isisuãdühügü atai
leha.
Ene naleha uãke inhalüha ngikogo
hekeha tüisuãdühügü uhunümi.
Inhalüna leha katahehijüi geleha
uãkeha kunuguki geleha.

Aiha, igia ngapoha ajetsi
inkgugetoho isisuãdühügü atai
ahijão üntegagüha.
Tunga kualü üntegagü egenaha
tapitsiha Kuse hugati.
Tatute leha ago telü ingilüinha.
Kangamukei geleha atai.
Ititü atai geleha Tsikigi.

Etelüko leha tüti ake tijoko ake
ehuata.
Tatuteha tíkinhü etuhutelü tigati
Kagaiha ingilüinha.
Kuhikugu otomoha, Kamayula,
Kalapalo, Agahütü, Aütü, Meinaku.

Titaha Agahütü otomo heke leha
kagaiha hünitagü inhani.
Aiha Agahütü kilü leha ihekeni.
— Titsagaihagü ale agoi ahütüha
akagaihagüko hüngüla.

O italiano e o hidroavião

Eu não sei quantos anos ele
tinha.
Antigamente os índios não
sabiam a sua idade.
Não sabiam escrever, falavam
com a língua mesmo.

É provável que tivesse uns seis
anos, talvez.
Um hidroavião pousou a jusante,
na água ele pousou.
Ali na boca da lagoa Kuse.
Todos foram ver.
Ele ainda era criança.
O seu nome era Tsikigi.

Ele foi de canoa, com sua mãe
e seus tios.
Todos os povos do Xingu se
juntaram para ver o caraíba.[1]
Os Kuikuro, Kamayurá, Kalapalo,
Yawalapiti, Aweti e Mehinaku.

Os Yawalapiti não queriam
partilhar o caraíba com os
outros.
Eles disseram:
— Eles são nossos caraíbas, não
caraíbas de vocês.

— Tisuge kuẽgü ale agoi, Agahütü
kuẽgü — Agitana kitagü leha
ihekeni.

Üle itüjü leha anetü Ahukaka
Kuhikugu heke:
— Ahütü, akitini bengapa
itaginhübolü tisu polü bengapa
iheke.

Ititaha ijogu Aguja etekẽitagü
ügina hongopengine, atãdükutsilü.
Tsiukü, tomuuu...
Tatute leha tikinhü heke nhũdikügü.

Takekoha isünkgülüko itita.
Kagaiha ingitagü hegei ihotugui
gele kagaiha üntegagü.

Ahitsoha leha Makaigiko apitsilü
kugitihu kae.
Pakuera otomoha akagoi
Makaigikoi.
Kakitingokoha uãke ihujani.
Makaigi tegipanetinhüpe Jagamü
akiti.
Üngele heke hüle egei
isakihutagüko.

Makaırı Kilüha:
— Engü akatsange kagaihai esei
tühisüügü uhinhi.
Tsuhügüi ina kagaiha enhügü ĩde
leha atanhenügü.
Ikomũdengapaha etelü leha, üle
uhinhi hüle agoi.

— Eles são hiper-nós mesmos,[2]
hiper-Yawalapiti — disse o chefe
Aritana.

Então o chefe Afukaká Kuikuro
respondeu:
— Nada disso. Se ele falasse na
língua de vocês, ele diria "tisu".[3]

Foi então que Aguja, o tio de
Nahũ, caiu do barranco. Chuá...
Caiu na água.
Todos deram risada.

Dormiram dois dias por lá.
Pela primeira vez estavam
conhecendo o caraíba, aquele que
tinha pousado.

Os Bakairi desceram juntos pelo
rio Curisevu.[4]
Os Bakairi da aldeia Pakuera.
Tinha uma pessoa entre eles que
falava a nossa língua.
Ele aprendera a língua Jagamü.[5]
Foi ele quem contou sobre o
caraíba.

O Bakairi disse:
— Esse é o caraíba que está vindo
à procura do seu irmão.
Há muito tempo o caraíba veio e
desapareceu por aqui.
Para onde será que ele foi? Por isso
estão procurando por ele.

Italiano toto Petuguju esei, eseiha.
Tuhisuũügü Faoseti uhinhi esei.

Ülepe leha okogetsi hũda leha.
Ahijãupe itükãijü leha etelü leha.
Ületseingugi leha tatute leha
Makaigikope ugonkgulü leha
Kugitihu kae.

Esse aqui é o doutor Petrullo.[6]
Ele é italiano. Veio à procura de
seu parente, o Fawcett.[7]

No dia seguinte, o avião decolou e
foi embora.
Os Bakairi voltaram subindo o
rio Curisevu.

Makaigiko kagaihatepügü

*Titaha atamini geleha Kuse huta gele
ijogu kilüha.
Tapatako ngaupügüpeha Jahila kilü:
— Kigekeha ikeni nügü iheke,
kigekeha ikeni.
Kutahogukoha uketsake Matuhina.
Nhitomi Matuhi.
Makaigi ituna kutegokomi Makaigi
ituna.
— Kigekepapa.*

*Aiha Hugasa kilüha tumukugu heke:
— Kigeha ikeni, kigeha osoko ake.*

*Tijoko ake leha Atahuko, Jahilako
ake leha etelüko.
Tütenhükopeha ikeni Nákui,
imugupeha Tisa, Augaha
Makujauaha tühitsü ake.
Kaküngiha etelüko, Kuhikugu,
Kamajulaha, Aütüha, Augaha,
Jagamü.
Aiha etelüko leha Makaigiko ake
leha itukona.*

*Aiha Tsikigi inhügü geleha itita leha
tüti ake.
Makaigi heke lehu inügü tumugui.
Ititüiha Malta, ihitsüiha Waiguito
Xunakalu, imuguiha Ayaku,
ihisüiha Katuna.*

*Nago ünga leha itsagü tamitsi.
Itita leha Makaigiko ake leha itsagü.*

Batismo entre os Bakairi

Enquanto eles ainda estavam na
boca da lagoa Kuse, Jahila, tio de
Tsikigi, avô de Tabata, disse:
— Vamos com eles, vamos com eles.
Vamos buscar nossos facões lá no
Batovi.
Para ver o Batovi e a aldeia dos
Bakairi.
— Vamos nessa!

Então Hugasa disse para o filho:
— Vamos lá com eles, vamos com
seus tios.

Tsikigi foi junto com seus tios
Atahu, Jahilá e outros mais.
Aqueles que foram eram Nákui,
seu filho Tisa, Makujauá Waurá
com sua esposa.
E muitos outros Kuikuro,
Kamayurá, Aweti, Waurá e
Nafukwá.
Foram todos junto com os Bakairi
para a aldeia deles.

Tsikigi ficou por lá junto com a mãe.
Um Bakairi o adotou como filho.
Chamava-se Malta Bakairi e sua
esposa era Waiguito Xunakalu.
Seus filhos eram Ayáku e o mais
novo, Katuna.

Tsikigi morou na casa deles por
muito tempo.
Ele ficou junto dos Bakairi.

*Aiha tita leha itsatsüdagü tapigü
angatügü ikakini.
— Uinhatale hekugui uãke egei
ukatsüdagü.
Piãui ẽbalüle uitsagü tikijuhisinhüi,
nügü kilü uãke iheke.*

Trabalhou tirando leite de vaca.
— Eu pensava que estava sendo
respeitado trabalhando. Na
verdade, eu era um mero peão,
sem valor — ele me disse muito
tempo depois.

*Ikongokope ogopijüko leha.
Itita geleha Tsikigiko inhügü tüti ake.
Nakuiko gehaleha tumugu ake
Tisa ake.*

Aqueles que tinham vindo com ele,
voltaram.
Tsikigi ficou com sua mãe.
Também ficaram Nakuí e seu filho
Tisa.

*Kagingokope tsale akagoi Makaigi.
Nhangukokilü takuagai, Ūduhei,
kuābüi, tatute ailohoi.
Ikīdukokilü, kagutu ikijükilü ihekeni
kukagageni ekuletsale uãke.
Tsikigi angukilü leha ikeni, isi
angukilü leha itaõko ake Ūduhe
ingãupügüi.*

Os Bakairi eram iguais aos Kuikuro.
Eles dançavam as festas takuaga,
tauarauanã, kuambü e outras mais.
Eles lutavam, tocavam flauta, eram
mesmo iguais a nós.
Tsikigi dançava com eles. Sua mãe
dançava com as mulheres no
tauarauanã.

*Üle hata hüle egei giti
itaginhitinhiko[8] enhügükilü
sabadui atai.
Tatute leha Makaigiko
etingündelükilü patigi igakaho.
Tügekuili leha inhügükokilü
Kohotsi leha etelükokilü
tükehegetsingukoinha üne atati.*

Naquele tempo, os padres
chegavam no sábado.
Os Bakairi se arrumavam todos
bem antes da chegada dos padres.
Dizem que eles ficavam muito
contentes.
À noite, iam todos rezar dentro
de uma casa.

*Ihujani leha etelükokilü
tükehegetsingukoinha.
Patigi João lá uãke ititü alemãu
uãke ekisei.*

Tsikigi entrava junto com eles para
rezar.
O padre era alemão, chamava-se
João.

*Lepene leha tatute leha ititüko
tunügükilü iheke kagaihai leha.
— Ese ititü inhüguha igia, lá tuhugu.
Tinapisi leha Makaigiko inhügükilü
ititüko tũdomi.
Üle hujaha inhügükokilü.
Tsikigi ítitüiha José Afonsu, isi
ítitüiha Magia, Külahi ítitüiha Luís,
isũü ítitüiha João.*

*Aiha itita leha itsako leha tüti ake.
Makaigiko ügühütu ingitagü leha
iheke.
Nakuiko geleha ikeni tumugu Tisa
ake.
Igreja uãke egei sügühütukope
ĩbükini leha.*

*— Üle ateheha inhalü osi kukilükoi
patigi etsomi ina kukitukona, nügü
kilü iheke uheke — Makaigi agage
leha kukügühütukope ĩbükiholü
iheke.
Laha anügü escola gehale egei
kukĩbükini.
Televisão laha kukĩbükini anügü.*

*Mitote leha Makaigiko telükilü
hasẽdana tükatsukoinha.
Mitote gehaleha Tsikigi telükilü
tapigü angatügü ikakilüinha.
Etepe ngodingalü hõhõ ihekeni,
ülepe ogopinhalüha kohotsi.
Lá leha Makaigiko ingitagü
uãke iheke.*

Depois de terminar a oração ele
dava a cada um um nome de
caraíba.
— Este será chamado fulano de tal.
Era assim. Os Bakairi ficavam em
fila para ganharem os nomes.
O nome de Tsikigi ficou José Afonso,
a mãe ficou Maria, Külahi ficou
Luís e o pai de Luís, Nakuí, João.

Seguiram morando por lá com a
mãe de Tsikigi.
Nakuí e seu filho Tisa ficaram com
eles.
Ele estava vendo como era a vida
dos Bakairi.
A igreja acabou com a cultura deles.

— Por isso não podemos aceitar a
entrada do padre aqui na nossa
aldeia — meu avô sempre me
dizia —,
senão ele vai acabar com a nossa
cultura, como aconteceu com os
Bakairi.
Também dizia que a escola acaba
com a nossa cultura, assim como
a televisão.

De manhã os Bakairi saíam para
trabalhar nas fazendas.
Também de manhã Tsikigi ia tirar
leite da vaca.
Eles saíam da aldeia e só voltavam
no final da tarde.
Era assim a vida dos Bakairi.

Pakuerateha Tsikigiko inhügükilü.
Lepeneha etelükokilü gehale
 Maranatana alemãuko inha
Lepene gehale ogopijükokilü
Pakuerana.

Tsikigi e a mãe ficavam na aldeia
 Pakuera.
Às vezes iam para Maranata onde
 ficavam os alemães,
mas logo voltavam para Pakuera.[9]

Aingapoha ajetsi tungakuna takeko
 tungakunangapoha.
Inhalüha uãke uhunümi iheke
 atütüi.
Aiha egipanenügüha Makaigi
 akitiha.
Katoholaha uhunümi uãke iheke.
Atanhetagü leha uãke inha.
Aiha leha itaginhu leha Makaigi
 akiti leha.
— Pakuera dâ tâlâ kanra awadu
 agâ.
Mâuntudyze leleãlâ âmâ kytanru?

Depois de talvez uma estação
 chuvosa ou duas (ele não se
 lembrava muito bem disso)
ele aprendeu a língua bakairi.
Antes ele não sabia bem, só sabia
 um pouco.
E logo se esquecia.
Então, ele começou a falar mesmo
 na língua bakairi:
— Tem peixe com beiju na aldeia
 Pakuera. Você quer aprender
 mesmo a nossa língua?

Takeko leha isisuãdühügü atai ijogu
 telü leha itigini.
Indongopengineha ütelü Alahatuá
 tongopengine.

Dois anos depois o tio dele, Atahu,
 voltou para buscá-los.
Ele saiu aqui do Xingu, da aldeia
 Alahatuá.

Kuluene kae hõhõ apitsilü ülepe
 ugonkgulü leha Kugitihu kae.
Ehuaha ütelü Kugitihu kae.
Tatute hügape isigotisü ütelü
 tüakingale.

Desceu pelo rio Culuene e depois
 subiu pelo rio Curisevu.
Foi de canoa.
Levou vinte dias remando.

Kogetsi, kogetsi ihaki.
Engiho leha etĩbelükokilü kugitihu
 ngahaponga.
Ititalüpengine leha ütelü tühüluki
 Matuhina.

Mais um dia, mais um dia, era
 longe.
Demorava muito para chegar às
 cabeceiras do Curisevu.
De lá ele ia a pé para o Batovi.
De lá do Batovi seguia para
 Pakuera.

*Matuhi tongopengine leha ütelü
Pakuerana.
Aiha ihogijüko leha ijogu heke leha
itita. Aiha itita leha inhünkgo.*

*Üle hata leha Tsikigi egipanetagü
kagaiha akisüki.
Katohola leha hüle egei itaginhu hata
leha sinünkgo leha.
Sagage gehaleha Makaigi akisü
tapügü atai iheke.*

*Ülepei leha engihō leha ogopijüko ina.
Kapehetsetse leha atai leha.
Etībelüko leha Alahatuána.
Aiha tititüko ihanügü leha ihekeni
kugeko inha.*

*Nakuí atsanügü leha.
— Kangamuke atütüila akatsange
uinhügü leha egei.
Kutāopügüko ake lakatsange leha
tisititüpe titakonkgi tiheke.
Uititüpei leha inhügü ititüpei leha
uinhügü.
Dzõu akatsange leha uititüi. João
tagü übege egei iheke Dzõu.
Kumuguko ititüiha Luís.
Kingadzuko ititüiha Magia.
Kupagüüko ititüiha Jusé ahōsu.*

Egea uãke eneha sinügü egeagage.

Foi aí que o seu tio os encontrou.
E ficaram por lá.

Nesse tempo Tsikigi já estava
aprendendo a falar português.
Quando eles voltaram, ele já falava
um pouco.
Assim também já entendia a
língua bakairi.

Algum tempo depois, eles
voltaram para casa.
Quando chegaram em Alahatuá,
Tsikigi já tinha crescido um pouco.
Então eles contaram sobre os
nomes deles para o pessoal.

Nakui falou:
— Rapaziada, as coisas foram meio
estranhas por lá.
Nós trocamos de nome com os
nossos avós.[10]
Um deles ficou com o meu nome
e eu fiquei com o nome dele.
Agora meu nome é Dzõu
(ele tentava dizer João, mas ficou
Dzõu).
Meu filho agora se chama Luís.
Nossa irmã, Maria.
Nosso sobrinho, José Afonso.

Foi assim. Tempos depois eles
voltaram.

c. 1936

Hüati taũginhü

Ngikonangapoha ano ataiha.
Atange gehaleha etelüko gehaleha
* Pakuerana Makaigi ituna.*
Etelüha tijogupe ake Atahu ake,
* isipeha Magia ikeni.*

Etelüko leha ĩdongopeinheha ehua,
* kogetsi kogetsi kogetsi.*
Ila hegei Kugitihu kaeha tsuẽi tehu
* totsogogokinhü tuhugu.*
Kaküngiha kugeko ehugupe
* ugutsokenügükilü tehu heke.*
Enginiko hekeha telope akütsilükilü
* hõhõ tita.*
Enginiko telükilü hüle hekite.
Uagi akütsipügü ata gele hegei
* etelükokilü.*
Tehu hogisote hegei ihekeni ãhe kae
* leha etelükokilü.*
Kaküngiha ãhe inhügükilü nhipini
* tehu heke hegei ihetote telope itomi.*
Upügüte lela inhalü leha hüle ehu
* gahitsilüi, ehu ipoĩjü leha hüle.*
Lá uãke ene ngiholoko etsagü
* egitamitotoi.*
Ülepene leha etelüko leha.

O falso pajé

Não tenho certeza do ano, na
  verdade.
Lá se foram eles de novo.
Eles foram de novo para Pakuera,
para a aldeia dos Bakairi.
Ele foi junto com o tio dele, Atahu,
  e com a mãe Maria.

Eles saíram da aldeia de canoa.
Outro dia, outro dia, outro dia...
Lá no Curisevu tem muitas
  cachoeiras.
Muitas vezes as pedras furavam a
  canoa.
Alguns tiravam a casca do jatobá e
  faziam novas canoas por lá mesmo.
Algumas pessoas tinham mais sorte.
Navegavam na canoa de casca de
  jatobá e iam varejando assim que
  encontravam os pedrais.
Algumas varas enroscavam nas
  pedras, por isso era preciso ter
  várias varas.
No final, não dava para puxar a
  canoa, era preciso carregar mesmo.
Assim os antigos sofriam muito.
Era assim que eles iam.

*Enkgutohoko ititüpe hegei
 kuaku üngüi.*

*Otoiha ekege kuaku hotugua
 ihotugu.*
Üle atehe hüle egei ititü atühügü.
*Titalüpeinhe leha etelüko
 Matuhina.*
*Matuhi tongopeinhe leha etelüko
 Makaigi ituna.*

Üngeleha Atahu tühitsü ake.
*Atahuha kehege otoi hekugu táh
 inhalü hüle hüati.*
Kehege tsügütse hüle nhipi.
*Ĩde ngapaha giti atai etībetako
 Makaigina, inhalüha hügape
 ingütsei.*
*Tehuha tsüẽi amã enga sini leha
 itsapügüko inhügükilü, inhalü
 chinelutsei.*

Egetengapaha:
*— Ipü, ipü hüati akatsange
 utībelüingo, hüati utībelüingo.*
*Makaigitsüha hüatiti hekuguha,
 sininhü tijüti.*
Aiha etībelüko leha.

*— Amago nıkule, angıkaha hüati
 akeni, Makaigi kilü?*
*— Eẽ üngeleha ugei, Atahu kilüha
 taloki, ãuguha.*
— Uĩdisü hõhõ iküikege.

O lugar onde eles aportavam
 chamava-se Casa do Papagaio.

O dono do lugar é a onça, mas a
 boca é igual a de um papagaio.
Por isso ficou assim seu nome.
De lá eles iam para o Batovi.
Do Batovi iam para a aldeia Bakairi.

Naquela ocasião, Atahu estava indo
 com a sua esposa.
Atahu era um grande mestre de
 rezas, mas não era pajé.[1]
Tinha apenas o conhecimento
 das rezas.
À tarde, eles chegaram na aldeia
 dos Bakairi.
Estavam descalços.
Tinham muitas pedras no caminho,
 o pé deles doía. Não tinha nada de
 chinelo por lá.

Ali então:
— Querido sobrinho, vou chegar
 como pajé.
[Disse Atahu para Tsikigi.]
Os Bakairi estavam mesmo
 precisando de um pajé para tirar
 as dores.
Enfim, eles chegaram.

— Ah! São vocês. Têm algum pajé
 entre vocês? — perguntou o
 Bakairi.
— Sim, eu sou pajé — mentiu Atahu.
— Venha curar minha filha.

— *Osi.*
Aiha iküilü leha iheke.

Aiha, aibeha ihipütengalü leha inha
  kamisaki:
— *Ãdeha.*
— *Aingo hegei.*

Ekise iküilü iheke, ekise iküilü iheke.
Ihatüüha ike Tsikigi.
Egea leha etetagü Makairi iküiale.
Üle ikagudagü ale hüle egei kagaiha
  inha leha.
Hasēdeigu hakingo inha leha.

— Tá bom.
Então ele tratou dela.

Pronto. Ele recebeu camisa como
  pagamento.
— Aqui está.
— Tá bom.

E foi curando as pessoas, uma
  depois da outra.
E seu sobrinho Tsikigi sempre
  com ele.
Assim ele foi tratando dos doentes
  Bakairi.
A notícia se espalhou e chegou até
  os caraíbas.
Chegou até os fazendeiros que
  moravam longe.

Ihügi hunguki tüipügü

*Ülekogua ãtiha Hasẽdegu
kengokugu enhügü leha itigi.
Ingilangapaha mitote egiküilü,
kokogele geleha Makaigi ituna
etĩbelü:*
— *Ũdeki ĩde ngikogo Xingu otomo
hüati hekugu. Aitsüküngo hüati
hekugu kupekuteni jaheji.*
— *Ãde! Tihatisube.*
— *Unguhunguma esei?*
— *Auaju esei.*
— *Ãde atsange uetsagü eitigi,
uanetügü heke uhumipügüi.
Imugu igü ohũtsagü hüle angi, üle
iküilüinha hüle egei etsomi.*

Tsikigi kilü leha tijogu heke.
— *Aua, tsakeha eitiginho makina
esei.*
— *Opübe, kigepapa.
Ipü kete papa uake, nügü iheke.*
— *Opü ekugu.*

*Atangekobeha, otongitelüko leha.
Atangekoha, kauagu hũbo geleha
eletagü kagaiha tetagü uẽtaleni.
Igia tsetse hegei etelüko Alahatuá
ihakidua, etelüko hegei.
Ĩde ekugu giti atai etĩbetako
hasẽdana.*

*Hakingine kubekuletsüha ikatsu
tatagü leha iheke.*
— *Hũ, angisube üngele ngapaha esei,
uãkunĩbüle tüilüingo uheke.*

Levando o troco

Alguns dias depois veio o empregado
do fazendeiro para buscá-lo.
Ele deve ter saído de madrugada e
chegado bem cedo na aldeia dos
Bakairi.
— Cadê o índio xinguano que é
pajé de verdade, que cura e logo
ficamos bons?
— Está aqui! — disse Tsikigi.
— Quem é ele?
— Ele é meu tio.
— Eu vim te buscar conforme o
meu patrão me mandou.
Eu vim te buscar para você curar o
dente inchado do filho dele.

Aí Tsikigi disse para seu tio:
— Tio, veja, ele veio te buscar.
— Nossa, é longe daqui! — ele
respondeu.
Sobrinho vamos lá comigo?
— Nem pensar, é longe demais.

Mesmo assim, ele foi com Atahu.
O caraíba estava montado no
cavalo e foi indo na frente deles e
esperando.
Andaram tão longe quanto a
distância para a aldeia Lahatua.
À tarde eles chegaram na fazenda.

De longe Atahu ouviu um grito
de dor.
— Nossa, talvez seja esse aí...
O que é que vou fazer com ele?

Egitsakitagü hegei.
Ãugũda hüngübeha hüati
hüngübama.

Ülepe uun diki:
— Como vai? Lá leha itagĩbakitagü
iheke.
— Ingikege hõhõ umugu.
Eitinhi telü atsange egei umugu
iküitomi eheke.
Aitsükü eikagũdagü tisinha.
— Aingo hegei iküilüingoha egei
uheke.
— Ai, ai, ai, ai… Lá ekubetsüha
situngũdagü itsae, sigü ohũtsagü
ẽbalüle.

Aiha, iseponga leha etelü leha pokü.
Tüteninhügü holilü leha iheke püu
püu, tsü, tsü, tsü.
Üle ingitagü ihekeni.
Sampajuha ekisei isüü ititüi ngikona
ngapaha hüle imugu ititü.
Igia ingilü iheke tukumi ekugu
ĩdzagü.
Ihitinhügü hõhõ iheke lepene leha
iküilü iheke:
— Ai, ai, ai…!
Inatagü ohinhati leha tühotugu tüilü
iheke, nhohupügü inãüjüi.
Tokü, etugupelü leha egei ngũduẽpe
enhügü leha.

— Jaheji tuã ẽdzete umütatitsomi.
Üle hata leha iküitagü iheke, tsúú,
tsúú.

Falou para si mesmo.
Claro, era mentira,
ele não era pajé de verdade.

Entraram na casa.
— Como vai? — Assim ele os
saudou.
— Venha ver meu filho.
Eu convidei você para vir curar
meu filho.
Você está famoso aqui.
— Está bem, eu vou curar ele.
— Ai, ai, ai, ai…
Doía muito, seu dente estava
inchado.

Aí Atahu foi pra perto dele e
sentou.
Preparou o seu cigarro e fumou.
Era isso que os pais viam.
O pai se chamava Sampaio, não sei
como se chamava o filho.
Quando Atahu abriu a boca do
filho, viu que estava bem inchado.
Primeiro ele rezou e depois curou.
— Ai, ai, ai…!
Ele colocou a boca debaixo do
nariz dele e apertou o inchaço.
Estourou o que estava inchado e
então saiu pus.

— Traga logo água para eu
bochechar — pediu o filho.
Então Atahu passou a tirar a
doença: tsuu, tsuu.

Aiha ihanügü leha iheke isüü inha:
— Ĩke eke makina esei emugu
   egatinhi, eke.
Aibeha isüü heke leha tütahogu
   itegagü eke itsaketomi iheke.
ige hüde leha etetagü eke akuãgü
   itsaketale.

Düü... Ihopuga geleha
   itsühünkginügü, ugupotsilü bama
   leha iheke:
— Kapitau atütüi leha uge.
— Kapitau! Atütüi akatsange leha
   umugu.
Ihekutelü akatsange eheke leha egei.
Há inhalü, aũtsitagü ekuleha iheke
   leha.

— Uã ekunĩbüle ihekutelü eheke
— Atütüi akatsange uge leha, ijaheji
   utĩbatomi, kogo, kogo, kogo...
Etĩbanügü leha.

Ãtiha tütahogu inginügü leha iheke:
— Kapitau igeha igeke umugu
   hekutepügü ihipügüi eheke.
Inhalüha tinhegu tunügüi iheke,
   tühekoma uhunalü iheke.
Tügüpe tunügü leha iheke bokü.
Tingupe tunügü leha iheke bokü,
   saku, saku.

Tüngatagü agãdza inakenügü leha
   heke inha.
Ihitsü ngipiha tatohohongo ata
   kagaiha tipügü tãtsase.

Depois contou para o pai:
— Veja, o que estava fazendo mal
   ao seu filho é a cobra.
O pai pegou o facão e amolou para
   cortar a cobra.
Assim, ele fazia enquanto cortava
   o duplo-alma da cobra.

O filho melhorou de vez quando
estourou o inchaço do dente.
— Capitão, eu já melhorei.
— Capitão, você curou mesmo ele.
Muito bom. — Ele o abraçou com
força.

— Como você o curou?
— Eu já estou bom mesmo — o
   filho dizia. — Traz logo água para
   eu tomar: glup, glup, glup...
Ele bebeu.

Sampaio trouxe seu facão:
— Capitão, leve isto aqui como
   pagamento pela cura de meu
   filho.
Ele não pagou com dinheiro.
Para quê? Atahu não conhecia o
   dinheiro.
Ele deu também o seu machado.
Deu roupas em vários sacos.

Deu laranja de seu plantio.
A esposa de Atahu levou um
   cesto só com camisas.

Inho ngipiha ü tuhugu õ taho laha
nhipi asankgu ata. egetenkguleha
giti leha.

Ātikoha ogopijüko leha.
Ilainha ekubele etībelüko leha
Pakuerana.
Etībelüko leha, Makairi
igikunukitsagü leha kamisa heke
tuhugu.
Engübama enkgugi gele atai,
tulemila tsahüle egei tūdatühügü
inha.

Üngelepe apilü leha uãke Xavante
heke, Sãpajupe apilü leha tokü.
Isereka uapolü ngapaha ūbege iheke
inhalü inhutitü akualüpe hagakilü
leha iheke.
Üle hata leha apilü Xavante heke.

Ngusu iküilü gehale iheke, kagaiha
ngusugu, tsú, tsú...
Aí begehale inhūdugu ugupotsilü
gehale iheke, pípípí...
Ihitinhalü leha iheke, aitsüküngope
īdzagüi ekisei tüdakuhenginhüpe.

Tita leha itsako tamitsi.
Aiha atahu inha kagaiha heke
moeda tunügü, ihügi hungukiha
inkgugikügü.

— Ngikogo igepeiha eitse, igepeki
leha atahogu inümingo eheke eingü
ake.

O marido levou machados e facas
às costas, num cesto cargueiro.

Assim eles voltaram. De lá
vieram até chegarem em Pakuera.
As camisas, tudo que ganharam,
causaram inveja nos Bakairi.
Na época essas coisas eram raras.

Algum tempo depois, Sampaio
seria morto por um Xavante.
Na hora do ataque ele tentou em
vão pular uma cerca. Acabou
rasgando o saco.
Foi aí que o Xavante o matou.

Atahu também curou furúnculo
de um caraíba.
Novamente, estourou o inchaço e
deixou sair o pus.
Antes de curar ele sempre rezava,
ele era rezador mesmo,
mestre da reza.

Ficaram em Pakuéra por muito
tempo.
Um dia um caraíba deu moedas de
pouco valor para Atahu.
Ele foi enganado do mesmo jeito
que os tinha enganado.

— Índio, fique com isto aqui, com
isto aqui você vai comprar faca e
roupa para você.

— *Ata eniküle, aingo hegei.*
— *Ipü ãde kagaiha heke uinha ige*
  tũdühügü utahogu ihipügüi.
Keteha uãke kunhihipütegomi
  uingüha, utahogu.

Ülepe tingi ihatũü heke.
— *Ekebe aua, inhalü ingugi*
  inhümingoi.
— *Inhalü ipü kagaiha kitagü*
  tahegei uheke.
— *Kigepapa kunhihipütega.*

Etelüko leha. Ülepe leha enünkgo
  leha.
Ankgilü leha iheke kagaiha atsagati,
  Burururu...
— *Uinha utahogu engünkge.*
— *Ngikogo inhalü atsange ingugi*
  gele anümi.
— *Ĩke hegeha ukitagü tinale hegei*
  eheke.
— *Igeha igeke.*

Gapatuga tunügü leha kagaiha heke
  inha.
Aitsükü leha ingukugijü iheke inhalü
  leha inümi iheke.
Lepene leha etelü agilüinha tuã kuati.
Egea uãke inhunkgo tila.

— Que ótimo, obrigado.
— Sobrinho, o caraíba me deu isto
  aqui para eu comprar minha faca.
Venha comigo para comprar
  minha roupa e minha faca.

Quando o sobrinho viu,
  comentou:
— Tio, é pouco, não vai dar para
  comprar.
— Não, sobrinho, foi o caraíba que
  me disse.
— Então vamos lá comprar.

Eles foram.
Lá entraram numa espécie de loja.
Atahu despejou as moedas.
— Me dá uma faca.
— Índio, isso não é o bastante.
— Está vendo, eu disse isso para
  você.
— Leve isto daqui — falou o caraíba.

O caraíba deu rapadura para ele.
Ele estava com raiva e rejeitou
  a rapadura.
Depois ele foi jogar as moedas no
  rio.
Então ficaram por lá.

Tuepügü

*Engihõ ãtiha sinünkgo leha Pakuera
tongopeinhe.
Amã kapo ngapaha sinünkgo hata
leha kongohõ ngingilü leha.
Ikongokope telü leha ihotugui
ũpüsüküi leha hüle egei sitako
tüti ake.*

*Amã hüle uãke aĩde tuã
tinkgugetinhü ititüiha Tuã
Upisugu.
Tigati leha etĩbelüko Tuã Upisuguna.
Ahupügü atai leha, tsuẽi leha
sapetsugu atai.
Inhalü leha isi engikomĩdui tijenügü
heke haĩdenei leha egei atai.
Inegetũdagü leha apetsu inha,
apetsu heke leha igetüingi.
Ijenügü ũbege inhalü ogopijü leha.
Tita leha inilũdagü inegetũdagü
hegei.*

*— Ama ĩde hõhõ eitse ongi hõhõ
kenguhitsai eijenetoho.
— Osi aingo hegei, uinegetũdagü
ekuakatsange igei.*

*Ülepei leha etelü ongi uhijüinha.
Uhisale leha etetagü egehũde. Aiha
ihogijü leha iheke ülepei leha
inhotikenügü iheke.
Ãtangeha etelü ijenügü leha ongi
ünki tüti inha.*

Ferida

Algum tempo depois eles
voltaram de Pakuéra.
Quando eles estavam no meio do
caminho choveu.
Os companheiros deles foram na
frente. Tsikigi foi por último com
sua mãe.

No caminho tinha um rio
chamado rio Vermelho.
Quando eles chegaram lá o rio
já estava cheio, tinha muita
correnteza.
A mãe de Tsikigi já tinha idade
e ficou sem coragem para
atravessar o rio.
Ela tinha medo da correnteza,
de ser arrastada.
Tentou nadar, mas desistiu e
voltou.
Lá mesmo ela chorou de medo.

— Mãe, fique aqui, deixa eu
procurar um cipó para você
atravessar.
— Está bem, eu estou com muito
medo.

Então ele foi procurar um cipó.
Encontrou e puxou até arrebentar.
Atravessou o rio a nado e levou-o
para a mãe.

*Inha leha tunügü iheke lepene leha
ogopijü inene ipikilüinha.
Ongi kae leha tüti ipikilü iheke
tinilale leha ijenügü.
Aiha inene leha inhügü ātiha
sinünkgo leha.
Makaigi itutongopengine leha
ogopijü Alahatuána.*

*Aiha isi ihenügü leha kugihe heke
itita mula heke.
Ihugu kae leha kamangankgu
inhügü.
Üle heke leha isipe elü leha.
Aiha isipe apüngu leha.
Aiha tüĩdzase ekugu leha inhügü.
Ijoko inhakugulati leha inhügü.
Inkgukinikopeha akagoi. Atahu,
Aguja, Jahila, Nakuí, Haihua,
Igiagage.
Engüha ijatsitelü hokongokope ikine
inginügü hokongokopeha inhaha.
Egea akatsange.*

Deu o cipó para ela e voltou para o
outro lado para puxá-la.
Puxou a mãe e ela atravessou o rio
nadando e chorando.
Pronto. Do outro lado do rio, eles
seguiram viagem.
Vindos da terra dos Bakairi, eles
retornaram por fim à aldeia de
Alahatuá.

Então uma doença pegou sua mãe.
A bunda dela ficou com uma
ferida.
Foi isso que matou sua mãe.
A mãe dele faleceu.
Aí ele ficou sozinho mesmo.
Ele ficou nas mãos dos tios dele.
Os que o criaram foram
Atahu, Agujá, Jahilá, Nakui e
Haihuá.
Eram eles que cuidavam dele,
que davam beiju para ele.
Foi assim.

1940

Tatute egi

*Toüngüi leha atai egipanenügü leha
egiki tuhugu.
Ihotúguiha egipanetühügü Hagaka
igisüki.
Atahuha ijogu isakihani hagakaki.
Kangamukei ekugu gele atai
iginhũdagü Alahatuáte.*

*Ülepeneha egipanenügü hugagü
igisüki.
Üngelepe geleha isakihani.*

*Ülepeneha egipanenügü Ũduhe
hekugu igisüki.
Takugé hüle isakihani.*

*Ülepeneha egipanenügü kagutu
igisüki.
Ülepeneha egipapenügü auguhiki.
Ijoguha Aguja isakihani.*

*Ülepeneha egipanenügü Hüge
Oto igisüki.
Ijoguha Atahu isakihani.*

*Ülepenaha egipapenügü Ũduhe
igisüki gehale Kalapalo igisüki.
Agusahi Kalapalo hüle isakihani.*

Todos os cantos

Quando ficou órfão, ele aprendeu
todos os cantos.
Primeiro aprendeu os cantos
do Javari.[1]
Foi seu tio Atahu quem lhe ensinou
os cantos do Javari.
Quando ainda era bem novo,
cantou-os na aldeia Alahatuá.

Depois aprendeu os cantos da Festa
do Pequi. Foi também Atahu quem
lhe ensinou.

Depois aprendeu os cantos de
Ũduhe verdadeiro. Quem lhe
ensinou foi Takugé.

Depois aprendeu as músicas das
flautas sagradas.
Depois aprendeu os cantos do
Quarup.
Foi seu tio Aguja quem lhe ensinou.

Depois aprendeu os cantos do
Dono da Flecha. Foi seu tio Atahu
quem lhe ensinou.

Depois ele aprendeu os cantos do
Ũduhe dos Kalapalo. Foi Agusahi
Kalapalo quem lhe ensinou.

Ülepena egipanenügü aga igisüki.
Aiku hüle sakihani aga igisüki.

Haĩdenei leha uãke atai leha
  egipanenügü Kuigi igisüki.
Agisó hüle ihametigü isakihani.

Tatute uãke egi nhipi.
Inhalü uãke inkgugitsohoi.

Depois ele aprendeu os cantos
  de Aga.
Foi Aiku quem lhe ensinou os
  cantos de Aga.

Quando já estava velho, aprendeu
  o canto de mandioca.
Foi seu cunhado Agisó quem lhe
  ensinou.

Ele conhecia todos os cantos.
Ele não tinha dúvida alguma.

1944

Nilo etimbepügü

A chegada de Nilo

Aiha etükipügü atai lalehüle egei leha.
Kagaiha itaginhu tapügü atai leha
iheke.
Ĩde leha etĩbepügüha atai leha, Nilo
apakitagüha.

Quando ele já tinha se tornado
  adulto,
quando já entendia a fala dos
  caraíbas,
quando já tinha voltado dos Bakairi,
Nilo apareceu.[1]

Ünago tsügütseha uãke kagaiha
akisü tateha Külahi ake.
Hekite uãke Nahũ heke kagaiha
akisü talü.
Inhalüha hüle uãke hekite Makaigi
talüi iheke.
Kühali hüle katohola uãke kagaiha
akisü talü iheke.
Makaigi akisü hüle uãke tuhuti
ekuguha iheke. Egea uãke.

Nahũ e Külahi eram os únicos
  que entendiam a língua dos
  caraíbas.
Nahũ dominava bem o português,
mas não dominava bem o bakairi.
Külahi não dominava bem o
  português, mas dominava bem
  o bakairi.

Ijogu kilü Jahila kilü.
— Tisakisü otoi kige tisake
Kamajulana.
— Kigekepapa, nügü leha iheke.

Jahilá, tio de Nahũ, disse:
— Venha conosco à aldeia Kamayurá
  para você ser o nosso tradutor, o
  dono de nossas palavras.[2]
— Vamos lá — ele disse.

Inhalüma kuhikuguna Nilo telüi.
Kamajulanaha hüle etelü.
Isukugegüi hüle egei etelüko tijoko ake.
Apitsilüko leha ĩdongopengine ehuata
tigati.
Titaleha inhünkgo.

O Nilo não foi à aldeia Kuikuro.
Ele foi para a aldeia Kamayurá.
Então eles foram visitá-lo junto
  com seus tios.
Desceram o rio de canoa.
E lá ficaram.

Ah itagībakitako leha ihekeni tatute.
Üngele tsügütseha kagaihai. Nügüha
iheke:
— Nilo, Nahũ há ugei.
— Oi, Nahũ, eu sou Nilo Veloso.
— Āde akatsange tisetsagü ina
einhaha taho hangamitigiha.
— Eẽ angi letaleha ungipiha
ungipiha angi.
Tunümingotaha einhani uheke
egei. Ah tunümingo nügü iheke,
Nilo kilüha.

Fotografaiha tüitako iheke.
Takikoha tita isünkgülüko.
Inhangokope etsībükilü leha.
Aiha egikanügüko leha Nilo inha.
— Nilo titsetagü takatsange leha igei.
— Eniküle egete hõhõ eitsüe
kenhengikõbagokomi nihõhõ.
Taho tünügü leha iheke, taho kusügü,
ü, ügü, inhotigü, camisa, hengi,
tungã lá tuhugu.
— Timüho īde uünkgülüingo lepene
leha ugonkgulüingo.
— Eniküle, aingo hegei.

Aiha ülepei leha isinügüko leha.
Ugonkgulüko gehale.
Etelüko leha tüitukona Alahatuána
leha.

Todos se cumprimentavam.
Nahũ era o único que entendia
português. Ele disse:
— Nilo, eu sou Nahũ.
— Oi, Nahũ, eu sou Nilo Veloso.
— Nós viemos ao seu encontro
para buscar faca.
— Sim, eu tenho, eu tenho logo ali.
Eu vou dar para vocês —
respondeu Nilo.

Nilo fazia fotografia deles.
Eles dormiram duas noites por lá.
Então, a comida deles acabou.
Eles se despediram de Nilo.
— Nilo, nós vamos embora agora.
— Esperem um pouco, deixa eu
dar presente para vocês.
Ele deu facão, faquinha, machado,
anzol, linha de pesca, camisa,
tesoura, espelho.
— Eu vou dormir aqui dez dias,
depois vou subir pelo rio.
— É mesmo? Tudo bem.

Pronto.
Eles se foram, dessa vez subindo
o rio.
Foram para a aldeia deles, para
Alahatuá.

Xingu anetügü

*Aiha tatakegeni inkgugetoho leha sünkgüpügüko atai Alahatuáte
Aiha ijogu kilü:*
*— Okogetsi akatsange leha egei Nilo enhümingo Kamajula tongopengine.
Kigeke gehale ikeni kutahoguko uketsake Matuhina.*
— Osi kigepapa.

*Atange gehaleha etelüko ikeni.
Haingoi leha hüle atai.
Kagaiha akisü tapügü atai leha iheke.*

*Tita püu püu püu püu. Ehu ata leha etelüko Kugitihu kae.
Tatute hügape sünkgülükokilü etïbelükokilü leha Matuhina.
Mehinaku enkgutohote leha hüle egei atamini Nilo hogijü leha ihekeni.
Ogopitsagü leha Kamajula tongopengine.
Etetagü leha Nilo tetagü leha.*
— Oi Nahũ!! Unama etsagü?, nügü iheke.
— Egena akatsange utetagü Simolopina.
*— Ehẽ kigekepapa, kigekeha, angitakanga miçanga egete ungipi.
Angi taho egete ungipi ü ungipi, ügü angi, angi egete.*
— Osi.

Chefe do Xingu

Nove dias se passaram depois da chegada deles em Alahatuá.
O tio dele se lembrou:
— Amanhã Nilo vai embora da aldeia Kamayurá.
— Vamos lá novamente, vamos buscar nossas facas lá no Batovi.
— Certo, vamos lá.

Lá se foram novamente, Nahũ com seus tios.
Naquele tempo, ele já era um rapaz adulto.
Já entendia a língua dos caraíbas.

Lá se foram de canoa, remando pelo rio Curisevu.
Levavam vinte dias para chegar ao Batovi.
Se encontraram com Nilo quando ele estava no porto dos Mehinaku.
Ele estava voltando da aldeia Kamayurá.
Nilo já estava indo embora.
— Oi, Nahũ! Você está indo para onde?
— Estou indo para o Simões Lopes.[3]
— Vamos juntos para lá, lá eu tenho miçangas.
Tenho faca, tenho machado, anzol.
— Está bem.

Etelüko leha Nilo ake itigati
  Matuhina.
Ititalupengine etelüko leha
  Pakuerana Makaigi ituna.

Makaigite leha itsako.
Tita leha atai Nilo telü leha inha
  tegikatigi:
— Nahũ, nügü iheke. Utelü takatsige
  Riuna leha. Utelü takatsige utelüha.
Ahütü akatsange eigelüla uheke uake,
  nügü iheke.
Tisanetügü kiholütiha capitau kiholü
  hüle.
Ehẽ, isitomiha isitomi tühügüi
  takahüle eigeholü uheke.
— Ehẽ, aingo tsahegei. Aingoha egei
  ĩdetiha uitsai.
— Ege isuã akatsange ugopijüingo.
Utetomi tahüle uigelüingo eheke
  eituna hüle Kuhikuguna.
— Aingoha egei.

Aiha Nilo kilü iheke:
— Nahũ, Anetüi akatsange leha
  einhügü. Agoha Xingu otomo
  anetügüi.
— Tanĩbüle, osi aingo hegei.

Nilo Veloso akatsange ihotuguiha
  tüiniha anetüi uãke.
Aiha ige Xingu anetügüi leha inhügü.
Egeteha Pakuerateha tüilü iheke.
Üngele tsügütse tsama kagaiha akiti
  itsagü.

Eles foram junto com Nilo para
  o Batovi.
De lá eles foram para Pakuera,
  para a aldeia dos Bakairi.

Eles estavam na aldeia dos
  Bakairi.
Nilo veio se despedir dele:
— Nahũ — ele disse —, eu vou
  embora para o Rio de Janeiro.
  Já estou de partida.
Não vou te levar comigo, foi
  o que ele disse.
— Se o nosso chefe, nosso
  capitão falasse "sim, pode vir",
  aí eu te levava.[4]
— Está bem, tudo bem, eu vou
  ficar por aqui mesmo.
— No ano que vem eu vou voltar,
  para você me levar para a sua
  aldeia, no Kuikuro.
— Tudo bem.

Então Nilo acrescentou:
— Nahũ, agora você vai ser chefe,
  o chefe dos Xinguanos.
— Puxa! Tá bom então.

Foi o Nilo Veloso quem primeiro
  o fez chefe.
E ele se tornou o chefe do Xingu.
Foi indicado em Pakuera.
Ele era o único que entendia
  português.

Kujapa

Ülepei itsagü leha itita Pakuerate hõhõ.
Itsatsüdagüha üne hatinhiko ahetinhoiha itsagü, SPI geleha atai.
Ekü hüle egei üne hatinhiko enhügü simolopina, ĩbuta tüitoho hatigi.
Tatute hügape saküngĩduko.
Itsatsuko leha ikeni Kühali ake.

Külahiha ekisei ikonope gele.
Otomokope apungu leha tetingugi toüngü leha inhunkgo.
Üle atehe leha hüle egei nago geleha etihõdetako leha.
Inhalü hüle ihisũügüi anümi.
Egea leha hüle egei etelükogukoa ihisũügüi leha inhügü.

Aiha üne hatagü leha ihekeni.
Üle hata hüle egei aitsingo kilü ihekeni:
— Ĩke ngikogo, ũdongoma amagoi.
— Xingu tongo akatsange tisugei.
— Eniküle, angikaha eteholüko tisake Kujapana.
Kujapa egei cidade dee lango, talokito tsahüle igei cidade hüngü.

Ületseingugi leha tütelükoti leha tsũei leha tigati inhünkgo.
— Tsakeha Luis, kagaiha ake atsange kige kujapana ingitomi kupehe.
— Aingo hegei kige atsange ikeni.
Tügekuili leha inhünkgo.

Cuiabá

Depois ele ficou lá em Pakuera trabalhando.
Trabalhou como assistente na construção de uma casa.
Era a época do SPI.
Vieram pessoas para construir uma casa no Simões Lopes, uma enfermaria.
Eram vinte pessoas.
Ele e Külahi trabalharam com eles.

Külahi era seu único companheiro.
Os pais de Külahi também tinham morrido e ele tinha ficado órfão.
Por isso, eles se cuidavam.
Não eram parentes.
Como andavam muito juntos, acabaram virando parentes.

Enquanto construíam a casa, os pedreiros perguntaram:
— Índios, vocês são de onde?
— Nós somos do Xingu.
— É mesmo? Será que vocês podem ir com a gente para Cuiabá?
Cuiabá é uma cidade bonita, aqui não é cidade.

Ao ouvirem isso, eles ficaram com muita vontade de ir para lá.
— Ouça, Luís, vamos com os caraíbas conhecer a cidade de Cuiabá?
— Claro, vamos com eles.
Ficaram muito contentes.

— Engüi akatsange egei kaminhãu enhümingo tisitigiha, kigeke atsange tisake.
— Ehẽ aingo ekugu hegei.

Üne etükilü leha, kogetsi hũda leha kaminhãu enhügü itigini.
Egete unkgu leha giti atai.
— Kaminhãu ãti.
— Búúúh lá leha Makaigiko telü.

Ãtibeha sinügü leha.
Aiha aitsingo kilü ihekeni:
— Ngikogo, angi enhünkgo tisake?
— Eẽ aĩdeha tisuge.
— Otongitegüeha.

Kaminhãu etībelü leha enongo mütonga gele inhügü.
Tetüitsüha tükatsuko hokongokopetsüha. Etetako leha egei tüitukona.
Ehua leha ijenünkgo enongo mütonga.

— Una etetako? Makaigi kingalü.
— Inhalü, taloki gele ilá, nalü leha ihekeni.

Ijenügüko geleha inkgugulani enongo mütonga.
Kaminhãu atati pokü pokü…
Dutututu… Kaminhãu ihijü leha ihoguteni heke, ãtangebeha etelüko leha.

— O caminhão virá nos buscar em breve, venham com a gente.
— Está bem, muito obrigado.

A casa ficou pronta e no dia seguinte chegou o caminhão para buscá-los.
Era de tardezinha.
— O caminhão está vindo.
Os Bakairi comemoraram.

O caminhão veio.
Um dos caraíbas falou:
— Índios, vocês estão vindo com a gente?
— Sim, nós estamos indo.
— Se arrumem.

O caminhão ficou do outro lado do rio.
Os trabalhadores estavam animados.
Eles estavam voltando para sua cidade.
Eles atravessaram o rio de canoa.

— Para onde vocês estão indo? — os Bakairi perguntaram.
— Nada, nós vamos só até ali — respondiam.

Eles atravessaram o rio junto com os trabalhadores até o outro lado.
Entraram no caminhão e sentaram.
O motorista ligou caminhão, e lá se foram eles.

Etelüko bele dez horai leha atai etsütelüko amã kapo.
— Egena hõhõ ketĩbatake, kahe hõhõ kelisake.
Nhüntelüko leha igia inkgugulani leha etetako ingilüko ihoguteni heke:
— Unguko nile agoi ngikogokoi ungu hunguko?
— Eẽ kakongoko atsange agoi kujapana.
— Ainikaha anetü heke leha tühügü ihekeni?
Ekü hekeha karumõu hekeha, karomõu Otaviano heke.
Üngele ataiha üle anetügüi.

Aiha ingenügüko iheke:
— Ĩke, tü ulegüima igei etsako unama igei etetako?
— Kujapana titsetagü.
— Tü ulegüima?
— Ago kipügü tiheke.

— Inhalü akatsange, anetü heke hüle ekiholüko ai tahüle eigeholüko uheke.
Enaha eigeholüko uheke atütüila leha Otaviano heke uüiholü leha. Ogopitsüeha ĩdongopengine leha.

Etimükeĩtsilü leha, koko hegei leha ihaki leha egei atamini.
— Ĩke, angi engipini tinhãbanhütihü? Nügü iheke ketĩbatoho oto heke.
— Ande gapatuga.

Eles se foram e depois de dez horas pararam no meio do caminho.
— Vamos parar ali para lanchar, vamos tomar café.
Saíram de caminhão e andaram junto deles.
O motorista os viu:
— Quem são esses índios aí?
— Eles estão indo com a gente para Cuiabá.
— Eles consultaram o chefe?
Ele se referia a Carmo, Otaviano Carmo.
Na época, Otaviano era o chefe da casa do índio.

Então o motorista continuou:
— Olhe, quem autorizou a vinda de vocês, para onde vocês estão indo?
— Nós estamos indo para Cuiabá.
— Quem teve a ideia?
— Foram eles, os trabalhadores, que falaram pra gente.

— Não posso levar vocês. Se vocês tivessem falado com o chefe, aí eu levaria vocês.
Se eu levar vocês, vai ser ruim pra mim, o Otaviano vai brigar comigo. Vocês podem voltar daqui mesmo.

Eles se olharam. Era de noite e já estavam bem longe.
— Olhe, você tem alguma coisa para comer? — perguntou ao dono do bar.
— Tem rapadura.

44

— *Ngikogo, igepeha gapatugape*
igetüe ilá engekulükoi.
Otohongo inha leha Luís inha
tunügü iheke,
üngele leha itünhi.
— *Asakugukopeha titsüe.*
Ami atsange anetü heke kitsüe,
ülegote leha hüle eigelükoingo
uheke.
— *Ehen sagage hegei inhümingo.*

Dúúú... Etelüko bele.

Itsakobele itüani leha.
— *Kigeha, kogopinhiha opü atsange*
leha ketsühügü.
Tetinhüpea bele isitako leha ti, ti,
ti...
Inhalü hõhõ itaginhukoi, itsotüdagü
gele hõhõ egei.
Ihaki ekugu leha sitühügüko
atai aiha:

— *Luís uã negei kunhügü*
kuketsohoi?
Tsaketsüha nügü iheke anetü heke
hõhõ kukilü ketsomi.
Ami atsange kukini anetü heke
kuketomi lehüle.
— *Aingo hegei, sagage atsunge*
kukini.
— *Hahaha ahahah...*

Aibeha emüditagüko itita, tüheinhi
leha isitako ti, ti, ti...
Seis horas leha atai simolopi
atüponga inhünkgo.

— Índio, leva essa rapadura para
vocês comerem no caminho.
Ele deu para o companheiro, Luís,
que aceitou e pegou.
— Levem as suas coisas — disse o
motorista.
— Na próxima vez, falem para o
chefe autorizar, assim poderei
levá-los.
— Está bem, nós vamos fazer isso.

Deram a partida e foram embora.

Eles estavam lá na estrada.
— Vamos, vamos voltar, estamos
longe.
Vieram andando.
Vieram sem falar nada, ainda
estavam bravos.
Quando já tinham andando
bastante, Nahū disse:

— Luís, o que aconteceu com a
gente, por que nós viemos?
Você ouviu o que ele falou?
Temos que falar com o chefe.
Da próxima vez vamos falar com o
chefe para nós virmos.
— Tá bom, vamos fazer assim.
— Hahaha ahahah...

Começaram a rir de si mesmos
e a andar mais rápido.
De manhã, às seis horas, chegaram
no porto do Simões Lopes.

Inhalüma ehu nügüi ihekeni igia
geleha ijenünkgo düü düü düü...
Enongo mütonga leha tu tu tu...
Atsakulüko leha tüngatini.
Ahegitilü hata leha tüngatini
inhünkgo.
Etijatelüko leha kürü, kürü pokü,
tükü tükü tühekotsuko talü leha
ihekeni.

Não chamaram ninguém para
atravessar o rio, foram nadando
até o outro lado e correram para
a casa deles.
Estava amanhecendo. Entraram
na casa deles.
Amarraram as redes, deitaram e
sentiram dor no corpo. Aí bateu
aquele cansaço.

Aibeha tühehujüko talü leha ihekeni,
igia leha epegenkgilüko hata tokü
tokü tokü:
— Ahakitüe ataiha.
Pigu ēbalüle Makaigi
tegipanetinhüpe hiute.
Ogõdõu nginguhepügü.
Ülepe etsühügü hüle egei leha anetüi
leha inhügü.
— Tihakita belakige gele, hahaha...

Quando estavam descansando,
bateram na porta: toc-toc-toc.
— Acordem aí.
Era Bíru Bakairi, um cara que
estudou no Rio de Janeiro. Foi
aluno do Rondon.
Depois de concluir o estudo, ele
voltou e ficou sendo chefe.
— Nós acabamos de acordar —
responderam rindo Nahũ e Luís.

Inhalüma atsanünkgoi.
Tatsatila gele uãke sinügüko
leha ina, Makaigi heke hegei
ikijuhitsüingini.

Nem contaram o que tinha
acontecido.
Mesmo quando voltaram para o
Xingu, para que os Bakairi não
fizessem troça deles.

Ülepei leha titaha itsako Makaigi
itute.
Titaha atokopeha Makaigiko
Apakanu, Taele, Katuna, Ajaku,
Kamilo, Pigu lako uãke.

Então, eles ficaram ainda um bom
tempo na aldeia dos Bakairi.
Os amigos deles lá eram Apakanu,
Taele, Katuna, Ayaku, Camilo
e Biru.

Faoseti higü

Aiha. Nügü ihekeni:
— Ande akatsange egei anetü
  Otaviano etïbelüingo.
Ahagu enhügüha Pakuerana
  Makaigi ituna.
Makaigi kilü:
— Osiha egikake anetão inha.

Tühisü akekoha Ahaguko
  Benjamim ake.
Sinünkgoha anetüko enhügü.
Baile hüle nhangüdagü Nahüko
  angüdagü.
Tita leha hüle egei egikanünkgo.
— Tsake hōhō ukilü eheke Ahagu,
  nügü iheke.
Cuiabana akatsange utelüti uitsagü.
— Hü ehēniküle pode nügü iheke
  pode.
Bejamim heke gehale nügü iheke
  ihisü heke.
— Pode nügü gehale iheke. Aingo
  hegei.

Diretor Karumor Otaviano
  enhügüha ingenügüha Ahagu heke:
— Karumor, nügü iheke. Nahü
  alsange igeke akcni ctetomi.
— Ehen aingoha egei nügü iheke.
  Ehē uake apatsange nhigetai ünago.
— Uge akatsange dois pessoas nügü
  iheke.
— Ehen aingoha egei nügü iheke.
  Ehē uake apatsange nhigetai ünago.
— Aingoha egei.

O neto de Fawcett

Pronto. Eles disseram:
— Hoje o chefe Otaviano vai
  chegar.
Álvaro chegou à aldeia dos Bakairi
  em Pakuera.
— Agora você pode pedir
  autorização para os chefes.

Vieram os chefes.
Álvaro com o seu irmão mais novo,
  Benjamim.
Nahü e Luís dançavam no baile.
E foi no baile que eles pediram
  autorização.
— Ouça, deixe eu te falar, Álvaro —
  disse ele.
— Eu estou querendo ir para
  Cuiabá.
— É mesmo? Pode, pode.
Benjamim, o irmão mais novo,
  também disse: — Pode.

O diretor Otaviano Carmo veio.
Álvaro o chamou:
— Carmo, quando você voltar, leva
  o Nahü com você.
— Tá bom.
— Sou eu quem vai contigo —
  disse Nahü —, "dois pessoas".
— Sim, tudo bem, eu levo vocês.

Engihõ leha ingenügüko leha
  ihekeni:
— *Ũdema ĩde Xingu otomo anügü,*
  nügü iheke?
Ũdema ĩde Nahũ Luís ake ĩde?
Ĩke ãdeha ige pape, uake atsange
  etelükoingo, amago takiko.
Inhalü hüle Makaigi amago
  tsügütse hüle.
Inhalü tigi tigi laleha etelüko.

— *Kekegeha.*
Ũbokü mbokü, dúúh…
  Totsotsongopügüi bele kaminhãu
  tetagü leha.

Ah ĩdeha mitote atai etĩbetako
  Kuiapana:
— *Ige hungu niküle igei Kuiapai*
  atütü.
Etelüko leha ngikogo üngatiha,
ngikogo üngü ekugunkguha igiagage.
— *Inaha eitsüe, pokü pokü.*
Titaha telo engikogoguko gehale.
Igia unkgu teti kagaiha üngele
  tülegĩdi ihekeni:
— *Angikaha tuhuti eheke Tügipe*
  Kuikuru Xingu tongo?
— *Ãde ilá ãde.*
— *Osi kunhigake üngele*

Üle hata sinügü kagaihai tiginhale,
  tühotainhale kagaihai, ingilüko
  iheke:
— *Opü! Nügüha iheke.*
Inilu hõhõ, inilu hõhõ.

Algum tempo depois chamaram
  os dois:
— Onde estão os Xinguanos aqui?
Onde estão o Nahũ e o Luís?
Olhe, este documento aqui é para
  vocês irem comigo para Cuiabá,
  vocês dois.
Nada de Bakairi, só vocês mesmo.
Eles pularam de alegria.

— Vamos lá.
Entraram no caminhão. O motorista
  girou a chave e deu a partida.
Eles viajaram a noite toda sem parar.

Chegaram de manhã em Cuiabá.
— É assim que é a cidade de Cuiabá?
  Que lindo!
Eles foram para a Casa do Índio.
Era pequena.
— Fiquem ali!
Sentaram-se.
Lá havia também outros indígenas.
Algumas horas depois, veio um
  caraíba.
Nahũ e Luís perguntaram:
— Será que você conhece Tügipe
  Kuikuro que é do Xingu?
— Sim, ele está por aqui.
— Vamos lá vê-lo.

Ele veio assobiando uma música
  dos caraíbas. Ao vê-los exclamou:
— Minha noooosssa!
E chorou, chorou.

Tügipehüle ekisei Agika mukugu.
Hotuguiha Agika nohanügü ülepe
tankgi iheke tügipegili.
Ami gehale sagage gehale.
Setilangogupe kae leha hüle egei
akinügüko leha.
Üle hinhe leha aitsingope
ingonenügü leha ihekeni.
Isipuguïjü geleha ihekeni hübeki.
Üngelepeha ekisei Tügipei.
Ahütüha kagaiha mugu hüngüla.

Üle hata hüle egei Missionaria Miss
Moennich Halverson etsühügü
Kuhikuguna 1937 atai.
— Ãde Xingu ata Kuikurute
ngikogo talakinhü, kagaiha itãugu
missionaria kilü.
Engapa Faoseti mugu heke Kuikuro
nohanetühügü.

Lepeneha Etima enhügü tügipe
ingilüinha.
Ületse ingugi leha Faoseti mugu
Bagajã enhügü itigi.
Igelü leha iheke kagaihana.
Kagaiha heke leha itanügü
Dulipé Felipi.

Tita ngapaha tamilsi leha atai
kagaiha heke leha uãke tuelü.
Etïbanügü ngapaha üle hata leha
kagaiha heke leha uãke tuelü.
Lá akatsange uãke inhügü.

Esse era Tügipe, filho da Agiká
Kuikuro.
Primeiro Agiká engravidou, e
quando deu à luz, foi um bebê
com cabeça branca.[5] Da segunda
vez, foi a mesma coisa.
Na terceira, enfim os pais aceitaram.
Por causa disso, apenas uma criança
ergueram do chão e a criaram.
Os pais pintaram seu cabelo
com carvão.
Esse era Tügipe, ele não era filho
de caraíba.

Em 1937, a missionária Miss
Moennich Halverson visitou os
Kuikuro.[6]
— Tem um índio caraíba por lá —
contou a missionária.
Talvez o filho de Fawcett tenha
engravidado uma mulher kuikuro.

Depois veio também Edmar Morel,
só para ver o albino kuikuro.[7]
Assim que Bryan, o outro filho de
Fawcett, ficou sabendo, logo veio
buscá-lo.
Ele o levou para a cidade.
Lá os caraíbas o chamaram de
Dulipé Felipe.

Muito tempo depois dessa história,
um caraíba mataria Tügipe.
Ele morreria talvez bêbado pelas
mãos de um caraíba.
Lá mesmo onde ficara.

— Ĩke kukingitüe, ãde taka
uetsühügü ĩde leha, ta leha iheke
tita.
Ige hungu makina kagaihai kotsingo,
kotsi kagaiha.
Inhalüha kagaiha inkgugijüi, taha
iheke.
Tügipe heke inguhetako.
Ige hungu atsange kagaihai sijigü
hüngü.
— Eniküle.

Tita leha itsako Kuiapate.
Üle hata hüle egei kagaiha heke
sakihatako Kuiapa ititüki.
Ngikogo itsagü ngapaha kagaiha
ngengokgui.
Inhalüha itaginhüi kagaiha hekite.
Tuãki hüle egei ihumilü isanetügü
heke.
Tuãkaga leha hüle egei tuku heke
inhakuankgilü tokü epelü leha, páá
la leha epelü.
Ülepe ihatigi leha sinügü tüanetügü
inha.
Aiha isanetügü heke ijeginügü:
— Ũdema tukupe leha?
— Kuia pááh nügü leha iheke.

Kuiape leha tepe tagü ũbege egei
iheke.
Ülepei leha Cuiabái leha ete ititü
inhügü.
Egea leha kagaiha heke
isakihatagüko.
Aiha itita leha itsako.

Bem, Tügipe os estava
aconselhando:
— Prestem atenção em mim, eu
já estou aqui faz tempo.
O caraíba é assim forte, bem
forte.
A vida do caraíba não é fácil,
é dura.
Os caraíbas não são tolos.
— É mesmo?

Ficaram em Cuiabá.
Enquanto estavam por lá, um
caraíba lhes explicou a origem
do nome Cuiabá.
Diz-se que um índio era
empregado de um caraíba.
Ele não falava bem português.
O seu patrão mandou-o buscar
água.
Na beira do rio, a cuia escapou
de sua mão, caiu e quebrou:
pááá!
Ele voltou para contar o ocorrido
a seu patrão, que perguntou:
— Cadê a cuia?
— Cuia pááá! — ele respondeu.

Estava querendo dizer que a cuia
quebrara.
Depois disso, esse passou a ser
o nome de Cuiabá.
Foi um caraíba que contou.
Pronto.
Eles ficaram por lá.

*Titaha ngikogo üngatiha Ahagu
enhügüha kuiapa anetügüpe akeha
inhani.*
Titaha ingilü ihekeni.
*— Egetüeha, tü titiha einhalüko ĩde
egetüetsüha eitukona simolopina.*
*Tü titiha ĩde kuiapate einhalüko,
ingilütsünaha ehekeni leha egei.*

*Presenti tũda unkgü kagaiha heke
inhani pokü pokü, ülepegele
inhinginünkgoi.*
*Ãtibeha ogopijüko leha Simolopina
leha.*
*Simolopi tongopengine leha
sinügüko leha Makaigi
itutongopengine.*
*Matuhite leha hüle egei atamini
Nilo Veloso heke ihogitsagüko.*
Isitagüha Kuhikuguna.
Lá akatsange uãke inhügüko.

Lá, na Casa do Índio, Álvaro
chegou com o chefe de Cuiabá
para visitá-los.
— Voltem, vocês não podem mais
ficar aqui.
Podem voltar para seu lugar, para
Simões Lopes.
Vocês já viram Cuiabá, agora
devem partir.

O caraíba deu uns poucos
presentes para levarem.
Assim voltaram para Simões
Lopes. De lá seguiram para a
aldeia Bakairi.
Quando Nahũ e Luís já estavam
no Batovi, Nilo Veloso os
encontrou.
Ele também estava indo para
os Kuikuro.
E lá se foram eles.

1945

Asã hungupe

Kagaihakoha ikongokope, Joãoha,
Emiloha lá. Makaigikoha
ike gehale Pügitsa Apakanu,
Jagamüha itagüha.
Nilo etsagü hegei Kuhikuguna.
Kaküngi inhengikogu. Kagaiha
tipügü, taho, taho kusügü, ügü ügü
inhotigü tatüte.

Ülepe teti itsaenga.
— Oi, Nahũ!! Ãutsilü iheke.
Ãdeniküle ege gele egepeigele? Egepei
gele niküle igei ogopitsagü?
— Ẽẽ gele euentagü gele uheke.
— Ehẽ eniküle aingo hegei osiha
kigeha eituna.
— Ehenkingi kigepapa.
Inhalü ekugube tügekuili leha
inhügü leha.

Aiha ititaha isünkgülüha ajetsi
Matuhite.
Kogetsi hũda leha sinügüko leha
Kugitihu ngahaponga.
Itigati põu põu põu aiha.
— Osiha kigeke.

Carne de veado

Os companheiros de Nilo eram
João e Emílio. Havia também
alguns Bakairi com ele: Pügitsa
Apakanu. Tinha ainda uma
pessoa do povo Jagamü.
Nilo estava indo para a aldeia
Kuikuro.
Ele tinha muitas coisas: roupa,
facão, faquinha, anzol e linha
de pesca. Tinha tudo.

Então, ele se aproximou:
— Oi, Nahũ!! — E o abraçou.
— Você ainda está aqui desde
aquele dia?
Está voltando só agora?
— Sim, eu ainda estou esperando
por você.
— Então vamos agora para a sua
aldeia!
— Claro! Vamos nessa!
Ele ficou feliz demais.

Dormiram um dia só no Batovi.
No dia seguinte, eles chegaram
nas cabeceiras do rio Curisevu.
Arrumaram as coisas e pronto:
— Vamos lá!

Sünkgülüko sünkgülüko
sünkgülüko.
Igia ekugu sünkgüpügüko atai.
Jagamü enkgutohonaha enkgülüko.
Titaha Jagamü otomo heke ingilüko.

Aiha ititalüpengine sinügüko leha
Meinaku enkgutohonaha.
Tita isünkgülüko. João atagilü
tóóóh… tóóóh…
— Káá káá káá, hetene…

Igia unkgu ingitü
tu… tu… tu… kakühongo enhügü.
Kuge enhügüha ingilükoinha.
Ingilü ihekeni:
— Opü! Nahū ege niküle esei,
etsagü gele angi?
— Ẽẽ gele ãde gele uetsagü. Ãde
akatsange kagaiha.
— Kaküngingokaha agoi?
— Ẽẽ kaküngingoha agoi.
— Angikaha taho ügü inhipi.
— Alabe ãde belaha inhipi. Ãde
inhipi.
— Ehẽ titsetai, kogetsi tisogopitsai.

Aiha. Nilo kilü iheke;
— Nahū, kukinhango hõhõ
engingeke.
Paginha ingitomi ihekeni
kukinhani.
— Ẽẽ egea akatsange kagaiha
kitagüha egeagage. Paginha
ingitomi ehekeni igehungu
tuku ata.

Passou uma noite, outra noite
e outra também, e pararam no
porto da aldeia Jagamü.
Foi lá que os Jagamü os viram.

De lá, vieram até o porto dos
Mehinaku.
Dormiram por lá.
João atirou para cima: bam bam.
— Káá káá káá — ele gritou.

As pessoas ouviram e vieram
correndo: tu tu tu tu.
O pessoal chegou para vê-los.
Foi quando viram Nahū.
— Há quanto tempo, Nahū, é você
mesmo?
— Sim, eu estou chegando. Aqui
estão os caraíbas.
— São muitos?
— Sim, eles são muitos.
— Será que eles têm faca e anzol?
— Claro que têm! Eles têm aqui
mesmo.
— Então, vamos agora e amanhã
voltaremos.

Pronto. Nilo disse a Nahū:
— Peça que tragam a nossa comida.
Peça que tragam farinha pra gente.
E Nahū dizia então para os
Mehinaku:
— O caraíba está falando assim:
"Tragam farinha, um tanto assim,
dentro de uma cuia.

Ülepe ünki lakahüle isinünkgoingo
leha uinhatiha. Uinhango
ikanoi letaha ungüilü.
Ihipütelüingotakanga uheke.
Ülepe tihati iheke.
— Ehẽ aingo hegei isagage hegei
ukilüingo.

Tututu... tututu...
Etelüko leha.
Tilakoha sinünkgo egea gehaleha
nügü iheke ihekeni.
Tatututu...
Atsakulüko leha.

Ülepene isünkgülükoha itita.
Ülepe okogetsi hũda tetiko. Aiha.
Ĩdegele giti atai etĩbetako.
Pãhã Meinaku aküngĩdu.
Paginha ake pururu pururu... Ẽẽ
paginha ake.
Isanetügükoiha Meinaku anetügüiha
Katupula.
Otohõbügüpeha gehale. Aiha.

Lepe leha titalüpengine leha
sinügüko leha.
Ila isüngülüko isünkgülüko.

Takeko sünkgüpügüko atai Aütü
enkgutohona etĩbelüko.
Ititaha isünkgülüko gehale.

Aigehaleha Aütüko enhügü gehale
ingilükoinha.

Cada um de vocês trará farinha
 para mim, para eu misturar com
 minha comida. Eu vou pagar."
E assim ele traduzia.
— Sim, assim mesmo eu vou dizer.

Tu tu tu tu tu
Eles se foram correndo.
Depois chegaram mais três
 pessoas.
Nahũ repetiu o que dissera.
Tu tu tu tu tu
Eles se foram correndo.

Nahü e Nilo dormiram por lá.
No dia seguinte, quando
 o sol estava saindo,
 os Mehinaku chegaram.
Eram muitos.
Traziam farinha: purururu
 purururu... Despejavam em um
 saco.
O chefe dos Mehinaku se
 chamava Katupula.
Lá estava também o outro chefe
 deles.

Depois, lá dos Mehinaku eles
 seguiram viagem. Dormiram no
 meio do caminho.

Dois dias depois, eles chegaram
 ao porto dos Aweti.
E dormiram por lá.

Foi aí que os Aweti chegaram
 para vê-los.

Ititaha Nilo heke nhengikõbatako tahoki, üki la tuhugu.
Üle ihipügüi leha Agahü tũdagü ihekeni Nilo inha.

Nilo os presenteou com faca, machado e outras coisas mais.
Eles pagaram Nilo com sal vegetal.[1]

Okogetsi hũda leha apitsilüko.
Ikeni geleha Aütüko apitsilü.
Haki leha sitühügüko atai Nilo kilü ihekeni:
— Ogopitsüeha inhalü hüle enhünkgoi tisake.
Kuhikuguna igei titsetagü. Opü enhalüko.
Nilo heke leha nhengikõbalüko ogopisokomi. Ogopijüko leha.

No dia seguinte, continuaram descendo o rio.
Os Aweti desceram com eles.
Quando já estavam longe, Nilo disse:
— Voltem, não venham com a gente.
Nós estamos indo para os Kuikuro, é muito longe.
Nilo deu presentes para que voltassem. Eles voltaram.

Sinünkgo hata ngapaha leha Jamalu Kuhikugu hüati ügünũdagü.
Itsatako leha iheke sinünkgo tatagü leha iheke.
— Tü bengapale esei ãde tetsatinhüi hankgunginga.
Togokü togokü tale benale igei sitagü.
Ãde itseke etsagü ilá.

Enquanto estavam a caminho, o pajé Jamalu Kuikuro estava doente.
Ele estava ouvindo, ouvindo a vinda deles.
— Quem será esse que está vindo pelo rio Culuene?
Está vindo fazendo barulho.
O bicho-espírito está vindo, o caraíba.[2]

Ülepei leha sinügüko leha.
Ila sünkgülüko sünkgülüko sünkgülüko.
Setilangogupe kae leha etĩbelüko.
Mitote leha kapehe tsetse leha giti atai Imagohote inhetunegüte etetako.
Itita leha sakihalüko Nahũ heke:

Continuaram descendo o rio.
No caminho, dormiram, dormiram, dormiram.
No terceiro dia eles chegaram.
De manhã. O sol já estava um pouco alto. Eles passaram pela praia de Imagoho.
Então Nahũ os avisou:

— Kuketĩbetagüko leha akatsange
  igei.
Üpügüi leha igei kegitsukeilükoingo.
Üle heke leha egei Makaigi
  gekuitügijü.
Pügitsa hekisei kakitini
  titaginhinhüpe ikeni.
Jagamü otomo akisü tapügü iheke.
Tuã apiale leha isitagü tüetenegüki,
  tühetale leha.

Üle hataha Jamalu heke tühitsü
  Mahudi humitagü Ipatsena alato
  itigi.
Ukatipenu ake indisüha Kajagi.
Küake ikugute leha hüle egei atamini
  itsalüko ihekeni.
— Büü, büüü... Taleni sinügüko hata.

Ngikogo gani leha itsalü ihekeni.
Ületseingugi leha ogopijüko.
Jamalu ataiha tuhihitsingohote
  Maju Halute.
Ülepe leha ihitsü etĩbelü:
— Ngikogo ãde katüponi, nügü leha
  iheke.
— Eniküle, kugeko kilü leha.
Tsũi leha inegetuko.

Üle hata leha Õbi Uagihütu anetügü
  etĩbelü Alahatuána.
Ilaha Kugitihu kae sinünkgo hataha
  ingilüko iheke.
Üngele heke leha isakihalüko:

— Já estamos quase chegando.
Será a última curva que iremos
  fazer.
Isso deixou os Bakairi muito
  contentes.
Pürisa estava vindo com eles.
Ele falava a língua do povo Jagamü.[3]
Ele batia na água com seu remo
  enquanto gritava.

Enquanto isso, o pajé Jamalu tinha
  mandado sua esposa Mahudi
  buscar um torrador de beiju
  em Ipatse.[4] Ela fora junto com
  Ukatipenu e sua filha, Kajagi.
Quando chegaram ao córrego das
  Saúvas, elas ouviram um barulho
  estranho:
— Büü, büü — era o que ouviam.

Parecia ser índio bravo.[5]
Então dali voltaram.
O pajé Jamalu estava em seu sítio
  chamado Maju Halu.[6]
Sua esposa chegou:
— Tem índio bravo lá no nosso
  porto — ela disse.
— É mesmo — o pessoal disse.
Eles ficaram com muito medo.

Enquanto isso, Õbi, chefe dos
  Matipu, chegou à aldeia Alahatuá.
Ele os tinha visto enquanto
  desciam o rio Curisevu.
Foi ele quem informou os Kuikuro:

— *Kulimoko heke akatsange ãde
kagaiha ingitagü.*
*Nahü heke Luís ake, nügü leha
iheke.*
— *Eniküle ahütümakina ngikogo
hüngü agoi, nügü leha ihekeni.*
— *Osiha kunhigake ünago.*

*Ülepe kohotsi leha kuge enhügü
ingilükoinha atüponga.*
— *Opü Nahü, amago niküle esei?
Etsako gelekaha igei?*
— *Ẽẽ gele tisuge gele akatsange
esei. Ãde kagaiha ingitagü tiheke
kukitukona.*
— *Ehẽniküle aingo hegei laha
isitamini.*
*Ahütü akatsange osogupela leha
Atahupe leha tapüngi leha.*
— *Ehẽniküle?*
*Itita hõhõ iniluko. Tijogupe nĩdagü
iheke.*
Engihõ leha inilukinügü aiha.

— *Utetaiha, nügü leha iheke.*
— *Etekeha, okogetsi atsange
ukugeko etsomi ago kagaihako
engikogu itigi.*
— *Aingo hegei isagage egei
tsakihalükoingo uheke.*

*Tüitankgila geleha egei Nahü atai
isagage gehaleha Luís atai.*
*Ülepei leha isünkgülüko hõhõ atüpo
gele Á te.*

— Nossos filhos estão trazendo os
caraíbas.
Nahü e Luís estão trazendo — ele
disse.
— É mesmo? Então eles não são
índios bravos — eles responderam.
— Vamos lá vê-los.

Depois, à tarde, uma pessoa foi
vê-los no porto.
— Quanto tempo, Nahü! São vocês
mesmo? São vocês que chegaram?
— Sim, somos nós mesmos.
Estamos trazendo os caraíbas para
a nossa aldeia.
— É mesmo? Tá certo, deixe eles
virem.
Seu tio não está mais com a gente,
seu tio Atahu morreu.
— É mesmo?
Lá eles choraram. Ele chorou pelo
tio, chorou por algum tempo.

— Agora eu vou embora — disse o
visitante.
— Pode ir, amanhã o pessoal tem
que vir buscar as coisas dos
caraíbas.
— Não se preocupe, eu vou dizer
isso para o pessoal.

Nahü ainda estava solteiro e Luís
também.
Eles dormiram no porto chamado Á.

Okogetsi hūda ātikobeha
ukugeko enhügü
kagaiha engikogu kugijüinha.
Itaōpe kugiti sinünkgo.

Atengebeha etelüko leha etena
Alahatuána.
Tühüluki gele hegei etetako.
Engiho ekugube etībelü etena.
Kagaihako inhügü hegei anetü
Afukaka üngati tajühe atati.
Tajühe atai geleha takagaketi.

Igiagage kagaiha ünkgülüha egete
Alahatuáte.
Timühō sünkgülüko timühō.
Trakü trakü trakü...

— Nahū, ihipügü tundomiapa iheke
tisinha nalülaha ihekeni.
— Nilo, ihipügüti akatsange igei
itsako.
— Okangi tünümingotaha egei uheke
nalü iheke ihekeni.

Nhengikoguha tsũei.
Kamisaha tahobe übe euebe taho
kusügü hengibe engü tungaha.

Aiha, Nilo kilü iheke:
— Nahū, Capitau heke kitse.
Angi ago Makaigiko teholü asã
elüinha tengetomitiha uheke?
— Ēhẽ eniküle ukitaipapa hōhō iheke.

No dia seguinte as pessoas vieram
buscar as coisas dos caraíbas.
Vieram junto com as mulheres.

Depois, foram todos para a aldeia
Alahatuá. Foram a pé mesmo.
Algum tempo depois chegaram
na aldeia.
Os caraíbas se hospedaram na casa
do chefe Afukaká, em sua Casa de
Chefe.[7]
Ainda faltava acabar de cobrir
o telhado.

Assim os caraíbas dormiram na
aldeia Alahatuá.
Dormiram lá dez dias, dez dias.
Clic clic clic... ficaram fotografando.

— Nahū, ele tem que nos
pagar — diziam.
— Nilo, eles querem pagamento —
disse Nahū.
— Calma, eu vou dar presente —
respondia Nilo.

Nilo tinha muitas coisas.
Camisa, facão, machado, enxada,
faquinha, tesoura e espelho.

Pronto. Então Nilo disse:
— Nahū, fala com o capitão: será
que os Bakairi podem ir caçar
veado para eu comer?
— Pode deixar, eu vou dizer para ele.
— Nosso avô caraíba quer que os
Bakairi cacem veado para ele comer.

Kutãupügüko itsagü akatsange igei
ago Makaigiko telüti asã elüinha.
Tengetomi uheke tagü akatsange
igei iheke.
— Ẽhẽ eniküle, aingo hegei
etetokomiha.

Ülepei leha Makaigiko telü leha asã
elüiha otihonga.
Tilako leha asã epügü inginügü
ihekeni.
Aitsükü leha Nilo akiti inhügü.

— Kütsü, kütsü la leha Alahatuá
otomo telü ingigote.
Tajühe tangukilü hegei egea
inhünkgo heke.
Titakutimi leha Alahatuá tetagü.

Aibeha ilãdelü leha.
Üle engelü leha hüle egei Nahũ heke
Külahi ake.
Isalakijüko leha egei itaõko inha.
Aitsükü leha Alahatuá otomo heke
inhakasikügüko.
Üle atehe uãke inhalü leha
isitãdukoi do tüitaũgukoki.
Inhakasikügüko leha itaõ otomo
heke.

Aiha Nilo kilü iheke:
— Nahũ, utelü takatsange igei leha
nügü iheke.
— Etekeha, etekeha, nügü leha iheke.
— Ketepapa hõhõ uake gehale keteha,
nügüha iheke.

É isso o que ele está pedindo.
— É mesmo? Eles podem ir.

Em seguida, os Bakairi foram
caçar veado no campo.
Eles mataram e trouxeram três.
Nilo gostou muito.

— Que nojo, que nojo — disseram
os moradores de Alahatuá assim
que viram.
Eles desrespeitaram a Casa de
Chefe.
O povo de Alahatuá não parava de
cuspir.[8]

Depois, os homens de Nilo
cozinharam.
E foi isso o que Nahũ e Külahi
[Luís] comeram.
Depois se exibiram para as
mulheres.
O pesssoal de Alahatuá ficou com
nojo deles.
Por isso, eles não se casaram
com nenhuma mulher do povo
Kuikuro.
As mulheres ficaram com nojo
deles.

Então Nilo disse para Nahũ:
— Nahũ, eu já vou embora.
— Pode ir, pode ir — ele
respondeu.
— E aí? Vamos comigo de novo?

*Engü leta leha uakeha etsühügüpe
ihipügü tudomi einha uheke.*
*— Opü ahütü akatsange utelüla
īdegeleha uitsai.*

Inhügü geleha.
*Otohõbügüha Luís leha hüle
tütenhüi ike.*
*Tütenhükopeha Nilo ake Ahukaka,
Luís, Haitsehü, Jahugi la leha
etelüko.*
Ütelüko leha ike Nilo ake leha.
Egete geleha Nahũ inhügü.
— Ila takatsange uãke uinhügütiha.
Egehungupe takuge.
*Ületaka kagaiha talüitiha uheke
katohola.*
Ülepe īde leha itsagü tamitsi leha.

Preciso te pagar por você ter me
acompanhado.
— Eu não vou mais, é muito longe,
vou ficar por aqui mesmo.

E Nahũ ficou.
Luís se foi com Nilo Veloso.
Junto com eles foram também o
chefe Afukaká, Haitsehü e Jahugi.
Eles foram com Nilo.
Mas Nahũ ficou.
— É, eu fiquei mesmo por lá —
meu avô me disse muito tempo
depois.
— Eu fiquei assim mesmo,
por isso só entendo um pouco de
português.
Eu fiquei em Alahatuá por muito
tempo.

1946

Aki oto

*Tamitsi leha itsagü tüitute
Alahatuáte.
Üle hata hüle egei apakitagü.
Egeneha sete setembrunaha.
Titangapaha apakilü sete
setembrute.*

*Kalapalute hüle egei Kagutu
etinhatũdagü, Tajui etinhatũdagü.
Üle inha hüle egei tajope heke api
ijogu Aguja ingenügü.
Aguja hüle ekisei kuhikugu Kagutu
igisü oto.
Üle atehe hüle egei ingenügü ihekeni.
Ülepei leha ijogu telü tigati.*

*— Keteha uake, nügü ũbege iheke
Nahũ uheke.
— Opü ĩdegele uitsai.
Aĩdemaki utelüingo takiko
eunkgũpũgüku utai.*

*Aiha, kagaiha hogijüha
hagunangoko heke Tügüingi huta.
Ülepei ngapaha leha sinünkgo leha
ikeni.
Kagaiha inginügü leha ihekeni
tüatüpongani.*

O dono das palavras[1]

Nahũ ficou por muito tempo em
Alahatuá.
Quando ele estava por lá foi que
ele apareceu, lá no rio Sete de
Setembro.
Foi lá que ele apareceu.

Na aldeia Kalapalo acontecia a
festa de encerramento da flauta
Kagutu.[2]
Era o final do ritual do chefe Tajui.
Aguja Kuikuro, o tio do meu avô, foi
convidado para coordenar a festa.
Ele era mestre de canto de Kagutu.
Por isso, chamaram-no para a
aldeia Kalapalo e ele foi.

— Vamos comigo — ele disse em
vão para Nahũ.
— É muito longe, vou ficar por aqui
mesmo.
Depois de dois dias, eu irei.

Os pescadores encontraram os
caraíbas na boca do Sete de
Setembro.[3]
Dali desceram com eles, trazendo
os caraíbas até o porto deles.

*Hagunangokope telü leha
tüitukona Inhagü Hatohona,
Kunugijahütüna.*

Dali os pescadores foram para
a aldeia de Inhagü Hatoho (ou
Kunugijahütü).[4]

*Tühẽinhi leha etinhantũdagüko
kagaiha
etĩbepügü heke leha ihẽitsitako.
Ülepei, kagaiha heke übege
itaginhitako inhalübe itsanitsei
itita.
Üle hinhe hüle egei Aguja kilü anetü
Sagagi heke:
— Ahütü, kupagüükoapa itake
Nahũ.
Üngele ale kagaiha akisü tate
tsügütse.
— Angolotse egei, aingo hegei.
Isagage itsani.
Osiapa kupagüü ita kukakisüko
otoi itsomi.
— Osi aingo hegei nhitaipapa üngele.*

E fizeram a festa com rapidez,
pois a chegada dos caraíbas os
apressava.
Os caraíbas tentavam falar com
eles, mas ninguém entendia nada
de português.
Foi por isso que Aguja disse para o
chefe Sagagi:[5]
— Busquem nosso sobrinho Nahũ.
Ele é o único que entende
português.
— É verdade, você tem razão.
Vamos fazer assim. Podem buscar
nosso sobrinho para que ele seja
o dono de nossas palavras, o
nosso tradutor.

*Ãtiha itinhi enhügü.
Kalapalu anetügü ngengokugu
enhügü.
Igingila nhgapaha egiküilü
titalüpengine.
Ãtiha sinügü tühüluki gele.
Ihülunalü lepeneha atsakungalü la
leha isitagü.*

E lá se foi o mensageiro,
o enviado do chefe kalapalo.[6]
De lá ele saiu de madrugada, a
pé mesmo. Ele andava e depois
corria, assim ele foi.

O sol já estava baixo quando ele
chegou na aldeia Alahatuá.
Chegou quando o pessoal
desenhava a linha do campo do
jogo de bola de mangaba, lá no
centro da aldeia.[7]

*Ĩde giti atai kohotsi etĩbetagü
Alahatuána.
Katuga ikugu agitoho ahehijü hata
ihekeni hugõbo.
Üle hata hüle egei ingilü ihekeni
tanginhü imã isinümbata kaküho:*

Avistaram o mensageiro quando
ele corria pelo caminho reto.[8]
— Quem é esse aí?

— *Ātibe ukuge. Tü laka esei?*
Aguja tsümbalüle tütegatinhüi itigi.

Tühetale isitagü tanginhü imã:
— *Aitsükü kũdzatüngi.*
— *Kagaiha, kagaiha kagaiha.*
— *Kagaiha tagü hungu iheke.*
— *Inhalü, teloi egei tagü iheke.*
— *Aitsükü kũdzatüngi.*
— *Kagaiha, kagaiha, kagaiha.*
— *Ẽẽ, kagaiha tagü iheke.*
— *Búúúú lá leha kugeko telü.*

Ülepei leha hakila inhügü.
Kaküho hegei isitagü.
Papeki leha johonaopeki leha
 tügitügü amipügü iheke.

— *Aguja esei tetsatitnhüi.*
— *Aguja uābeki eitsagü?*
— *Ojoha egea ekilüko.*
Āde akatsange kagaiha etībepügü
 leha kalapalu ituna.
Inhalüma kagaiha akisü tanitsei
 itita.
Üle hinhe hüle igei kupagũüko itigi
 uhumipügü anetü Sagagi heke.
— *Ẽhẽ eniküli, aingo hegei.*
— *Nahũ āde takatsange osogu*
 ulegüi uetsagü eltigi, isakisüko otoi
 eitsomi.
Inhalü matsange Kalapaluko heke
 Kagaiha akisü talüi.
— *Ẽhẽ eniküle, aingo hegei.*
— *Okogetsi atsange leha etelüingo*
 uake.

Era Aguja que estava vindo buscá-lo.

Ele vinha gritando pelo caminho
 reto:
— Vamos escutar.
— Caraíba, caraíba, caraíba!
— Acho que ele disse "caraíba".
— Não, ele disse outra coisa.
— Vamos ouvir de novo.
— Caraíba, caraíba, caraíba!
— Sim, ele está dizendo "caraíba".
— Uhuuuuuu — as pessoas gritaram.

Depois ele chegou mais perto.
Ele vinha correndo.
Aguja embrulhou a cabeça com
 papel de jornal.

— É Agujá que está vindo!
— Agujá, o que aconteceu?
— Vocês não vão acreditar.
Agora mesmo, os caraíbas chegaram
 na aldeia Kalapalu.
Ninguém lá entende a fala dos
 caraíbas.
Foi por isso que o chefe Sagagi me
 mandou chamar o nosso sobrinho.
— É mesmo, está bem.
— Nahũ, estou aqui para te chamar
 conforme seu tio me mandou, para
 que você fique sendo o dono das
 palavras dele, seu tradutor.
Os Kalapalo não estão entendendo
 nada da fala dos caraíbas.
— Sim, tudo bem.
— Amanhã você irá comigo.

— *Osi aingo hegei.*
— *Inhalü anhü, aminga kutegamini,
  anetü Janukene kilü leha iheke.
  Aminga hüda leha etelüko.*

*Ikongopeha anetão, Janukene,
  Janukula, Uahu, Jahitsija,
  Külahi, Huaku, Aigaminá.
Tãtsase anetão tütenhüi ikeha.
Olãdu ukugegüiha etelüko.*

*Kohotsiha etĩbetako.
Anetü Sagagi üngati leha etĩbelüko:
Ingilüko hegei Kalapaluko heke:
— Nhüü nhüü nhüü!!
Itsinhulukijüko hegei ingilüko heke
  leha.*

— *Ũtsi, egeniküle, nügü iheke.*
— *Ẽẽ ugetaka ãde.*
— *Ulegüi akatsange egei eitinhi telü
  tisakisü otoitiha eitsomi.*
— *Ehẽniküle aingo tsahegei.*

*Aibeha tsürürü…
Uguka tunügü leha iheke inha.
Ihipütelü leha egei iheke ugukaki
  isakisü otoiha itsomi.*

— *Ũtsi, ĩde hõhõ eitse uakisü otoi.
Hekiteha tuguinilatiha
  tisakihalüingo eheke.*
— *Osi aingo hegei aua, tatima
  uguitungunalütiha.
Hekite letaha akihalükoingo uheke.*

— Sim, está bem.
— Não, sobrinho, vamos depois de
  amanhã — disse o chefe Janukene.
No outro dia, eles foram.

Os seus companheiros eram todos
  chefes: Janukene, Janukula, Uahu,
  Jahitsija, Külahi, Huaku e Aigaminá.
Só tinham chefes junto com ele.
Eles iam visitar o Orlando.

No final da tarde, eles chegaram
  e foram para a casa do chefe Sagagi.
Os Kalapalo viram tudo.
— Vamos sair daqui!
Eles ficaram com ciúmes ao ver os
  chefes irem direto para a casa do chefe.

— Meu querido, você chegou —
  disse Sagagi.
— Sim, eu estou aqui.
— Fui eu que mandei te chamar para
  que você fosse o mestre de nossa fala.
— É mesmo? Tudo bem.

Então, Sagagi deu-lhe um cordão de
  caramujo.
Ele estava pagando para ele ser o
  dono de suas palavras.

— Sobrinho, fique aqui como dono
  de minhas palavras.
Seja um bom tradutor e não guarde
  segredo.
— Está bem, tio, prometo que não
  guardarei nenhum segredo.
Eu vou contar tudo bem para vocês.

*Lepene leha etelüko leha kagaihako
inha.*
*Kahĩdzu ititü atai geleha Posto
Fundação Brasil Central (FBC).
Posto Culuene.*
Aiha etïbelüko leha isepongani:
— Boa tarde, boa tarde, nügü iheke.
Üle ingilü leha Kalapaluko heke:
*— Hũ, hũ, hũ, Topopeti topoteti leha
etelüko.*

*Niloha ikeniha inguhenikoiha
isimagüko otoiha, ingilü iheke.*
— Oi, Nahũ!!! Como vai?
*— Oi, Nilo!! Estou bem e você como
vai?*
— Também estou bem.
— Oi, Luís, como vai?
Atãutsilüko leha ike.

*Aiha Nilo heke leha ihanügüko
kagaihako inha:*
*— Olãdu! Nahũ esei, Nahũ
capitão Kuikuro. Ihãuha esei Luís
capitão Kuikuro.*
*— Como vai, Nárru? Eu sou
Orlando ele é Cláudio e Leonardo,
Villas Bôas!!*
— Sejam bem vindos.
— Como vai, Luís?

*— Nahũ, agora você é o capitão,
capitão do Xingu, disse Orlando.*
*— Muito obrigado, Orlando, eu
agradeço.*

Depois eles foram ter com os
caraíbas.
Naquela época, nomearam o porto
Kahĩdzu Posto Fundação Central,
Posto Culuene.
Lá eles chegaram perto dos caraíbas.
— Boa tarde! Boa tarde! — disse Nahũ.
Então os Kalapalo o viram falando
português.
— Ohhh, ohhh — taparam a boca,
espantados.

Nilo estava com eles, ele era o guia
pois conhecia o caminho.
— Oi, Nahũ!!! Como vai?
— Oi, Nilo!! Estou bem e você,
como vai?
— Também estou bem.
— Oi, Luís, como vai?
E se abraçaram.

Então, Nilo os apresentou para os
caraíbas.
— Orlando, este aqui é o Nahũ,
capitão kuikuro. Este é Luís,
capitão kuikuro.
— Como vai, Nahũ? Eu sou Orlando,
e estes são Cláudio e Leonardo
Villas Bôas!
— Sejam bem-vindos.
— Como vai, Luís?

— Nahũ, agora você é o capitão,
capitão do Xingu — disse Orlando.
— Muito obrigado, Orlando, eu
agradeço.

Tatute leha itagĩbakilüko iheke.
Tatute leha egei ago anetügüi leha
inhügü, Xingu otomo anetügüi.
Üngele uãke ihotuguiha ige Xingu
anetügüi tatinhüi.

Aiha Olãdu heke leha egitsupo
gapatura tunügü inha.
Ülepe tunügü leha iheke anetü
Sagagi inha leha.
Lepeneha itige tunügü iheke kamisa
inha.

Aiha Olãdu hekeha ihikijü leha.
Olãdu atoi leha inhügü ikeni leha
inhügü.
Aiha etinenügü leha Kalapalu
engihologu akihalüko heke.
Tita leha sakihatako ihekeni Luís
ake leha.

Kahahagüiha isakihatako ihekeni.
Ilaha tagü iheke ilaha tagü iheke.
Ilaha tagü iheke kagaiha kitagü nalü
leha iheke.
En ilaha tagü iheke egei.
Kalapalo ingilangogu akihalü iheke.
Tatute ilangoha igei ilangoha igei lá
leha isakihatako iheke.

Kalapaluko hekeha kagaiha ititü
igatatühügü:
Olãdu, Orlando, Kalauju, Cláudio,
Leonadu, Leonardo, Airisi, Áires,
Matusu, isanetügüko.
Itsamagagü:

Nahũ cumprimentou todos.
Ele se tornou chefe de todos, chefe
de todos os Xinguanos.
Foi o primeiro a ser chefe do Xingu.

Pronto. Aí então, Orlando deu
rapadura para Nahũ.
E também para o chefe Sagagi.
Depois deu rede e camisa para
Nahũ.

Foi assim que ele se tornou o
homem de confiança de Orlando.
Se tornou amigo de Orlando e ficou
com eles.
Então começou a traduzir a fala
dos Villas Bôas para os antigos
Kalapalo.
Traduzia junto com o Luís.

Era muito cansativo.
Quando um falava, ele logo
traduzia.
Traduzia tudo o que o caraíba falava.
Então o caraíba falava de novo.
E ele traduzia novamente para os
antigos Kalapalo.
Tudo, aqui, ali, ele traduzia tudo.

Os Kalapalo diziam os nomes dos
caraíbas à sua maneira:
Olandu para Orlando, Kalauju para
Cláudio, Leonadu para Leonardo,
Airisi para Ayres, Matusu para
Matos. Estes eram os chefes.
E os empregados:

Piaui, Piauí, Januaru, Januário,
Batsiaun, Sebastião, Magiano,
Mariano, Osenu, Roseno, Àbealu,
Abel, Prepetu, Roberto, Lia, Elias,
Benatsi, Fernandes, Milo, Emílio,
Seketari, Sérgio Gari, Natsifitati,
Anastácio, Sidinu, Sidinho,
Odilão, Odilon, Sisu, Cirso,
Jolitsi, José Luís.

Aiha ngiko ititüki leha inguhetako
iheke.
— Ügü inhotigüha igei tagü ũbege
iheke ihekeni inhalü ikenikümi
ihekeni.
— Inhalü, Kanisu tsale igei nalü
leha ihekeni iheke.
— Latena higei
— Ẽhẽ, inhunegü tsale igei.

Egea tuhugu leha isakihatako iheke.
Ége itagü akihalü iheke.
Aütü akihalü iheke. Kamajula
akihalü iheke. Auga akihalü iheke.
Õu Kuhikugu akihalü iheke.
Jagamü akihalü iheke Uagi Hütü
akihalü iheke.

Tahoki Kalapalu hüle.
Tatute saklhalüku ihekeni ünago
tsügütse tühãu ake.
Tita leha itsagü tamitsi Kalapaluko
akitahagü iheke.
Engihõ leha etelü leha tüituna
Alahatuána.

Piaui era Piauí mesmo, Januaru para
Januário, Batsiaun para Sebastião,
Magiano para Mariano, Osenu para
Roseno, Abealu para Abel, Prepetu
para Roberto, Lia para Elias, Benatsi
para Fernandes, Milo para Emílio,
Seketari para Sérgio Gari, Natsifitati
para Anastácio, Sidinu para Cidinho,
Odilão para Odilon, Sisu para Cirso,
Jolitsi para José Luís. Basta.

Nahũ ia ensinando os nomes das
coisas.
— Isto é linha de pesca — dizia em
vão.
Eles não acreditavam.
— Que nada, isto é kanisu — diziam.
— Isto é lanterna.
— Nada disso, isto é "lua deles".

Assim tentava ensinar a todos os
povos do Xingu.
Ensinava para os Aweti.
Ensinava para os Kamayurá.
Ensinava para os Waurá.
Ensinava para os Kuikuro.
Ensinava para os Jagamü.
Ensinava para os Matipu.

E principalmente para os Kalapalo.
A todos ele ensinava, sozinho, só
com seu primo.
Ele ficou lá muito tempo traduzindo
para os Kalapalo.
Algum tempo depois ele voltou para
sua aldeia Alahatuá.

Tüitute leha hüle egei atai antange
gehaleha itinhi telü.
— Nahũ, ãde gehale eitigi uetsagü.
Unguangapa egei kagaiha kitagü.
Angi amã aketagü ihekeni
ingike tsapa tanginhü.
Igia benaha atahehikitagü.
— Ehẽniküle, aingo egei aĩdeha uge.
Atange gehaleha etelü Kahĩdzuna.

Etĩbelü leha tigati.
Aiha Olãdu kilü iheke:
— Nahũ, ahijão üntegoho aketagü
akatsange igei tiheke. Ago inha
ũbege ihatagü uheke inhalü itsalüi
ihekeni.
Tisinhangope etsĩbükitagü leha hüle
igei.
Ahijão etsomiha tisinhango ünki ina
tisinha.
— Eniküle, aingo hegei.
— Ahijão üntegoho atsange igei
nhaketagükoi, nügü leha iheke
Kalapaluko heke. Ige etükigote leha
ina leha ahijão üntelüingo.

— Ta nĩbüle.
Ihugukitako leha iheke.
— Egea niküle egei, ta iheke.

Tita leha aketagü ihekeni kugeko ake
tuhugu.
Hotugui hõhõ indzonhoi akenügü
ihekeni.
Inhangoko agitohoiha ahijão heke.

Foi então que o chamaram
novamente.
— Nahũ, eu vim de novo te buscar.
Não sei o que estão dizendo os
caraíbas. Eles estão abrindo um
caminho, parece o caminho
ritual, bem reto.
Eles estão abrindo dois braços.
— É mesmo, fique tranquilo, eu
vou lá.
E lá se foi Nahũ para Kahĩdzu.

Quando chegou, Orlando lhe
disse:
— Nahũ, estamos abrindo uma
pista de pouso para avião.
Explicamos em vão para eles,
mas eles não entenderam.
Nossa comida está acabando.
A pista é para que o avião possa
trazer nossa comida.
— É mesmo? Tudo bem.
Nahũ explicou para os Kalapalo.
— Isso que estão abrindo aqui é
uma pista de pouso. Quando
terminarem avião vai pousar aqui.

— Não acredito.
Eles estavam admirados.
— É isso o que ele está dizendo.

Eles ficaram por lá, abrindo a pista
junto com o pessoal.
Primeiro eles abriram a pista
menor.

Aiha etükilü leha ātibeha ahijão.
Ātiha ahijão enhügü leha inhangoko
ünki.
Inhangoko agilü leha iheke.
Saku ata tuhugu túúh tolokü túúh
tolokü.
Enginipe etugutsoketagü leha.

Üle hinhe hüle egei aitsükü gehale
upotsilü ihekeni.
Aí ekugu leha hüle ahijão üntelü
leha.
Tsüei leha tengelüko leha ahijão
enhügü heke.
Ületsügüi gelebama ingitagü
ngikogo heke.
Tita leha itsagü ikeni leha tamitsi.

Tatute leha kagaiha ikagüdagü
indongoko inha.
Üle hata gehaleha Nahũ ikagüdagü
tsüei kugeko inha.
Üle hinhe ātiha agahütü anetügü
Kahanahatü enhügü leha
kahĩdzuna inha.
Ah etĩbelü leha Kahĩdzuna.

— Aí Agageni hõhõ kuküitüe, engü
egei uāgihokitagü kagaihai
eitaginhuku heke.
Kagaiha inha hõhõ kukihake ikeni
uitsomi.
Ugipanetomi isakisükoki.

Itsankgijü leha egei iheke ihati
ngisoi hegei inhümingo atehe.

Para que o avião lançasse a comida
deles.
Quando ficou pronta, veio o avião.
Eles jogavam a comida deles do alto.
Jogavam dentro de sacos, jogavam e
jogavam mais. Alguns estouravam.

Por isso eles aumentaram a pista
de pouso.
Foi aí que o avião passou a pousar
mesmo.
Os Kalapalo ficaram com muito
medo da vinda do avião.
Era a primeira vez que eles viam
aquilo.
Nahũ ficou por muito tempo
com eles.

A notícia se espalhou por toda a
região.
Foi nesse tempo que Nahũ ficou
famoso entre as pessoas de lá.
Por isso, o chefe Kanato Yawalapiti
veio ao seu encontro em Kahĩdzu.
Ele chegou:

— Genro, me faça ser como você,
eu estou impressionado de ver
você falando português.
Me apresente para o caraíba para
eu ficar com eles, para que eu
aprenda a língua deles.

Ele logo respeitou Nahũ, seu futuro
genro, que se casaria com a sua
sobrinha.

Ülepe tihati iheke Kalaujuko inha:
— Kalauju, Olãdu ãde ese anetü
  Aga Hütü anetügü.
Tükatsutiha akeni itsagü üle hata
  leha akisükoki egipanetomi.
Uagage kagaiha akisü tate
  tinhügüti itsagü.
— Aingo tsahegei.
— Uama eititü capitau?
— Uititüha Kahanahatü
  Yawalapiti.
— Ehẽniküle aingo hegei.

Inhalüha Olãdu engikomidui
  Kahanahatü nügü heke.
Üle hinhe leha Kanatui leha ititüpe
  tüilü iheke, Kanatui leha inhügü.

Ami ãti gehale anetü
  Janumakaküma, Tsapa'in
  Kamayula enhügü.
— Uhãü kukihake hõhõ kagaiha
  inha, agage hõhõ uitsomi
  ugipanetomi isakisükoki.
— Osi aingo hegei egetepapa.

— Ẽhẽ, aingo hegei.

— Olãdu ãde ese uhão anetü
  Janumakakumã Kamayula
  etsagü tükatsuinha akeni.
Üle hata leha egipanetomi
  akisükoki.
Uagage kagaiha akisü tate
  tinhügüti itsagü.
— Ehẽniküle aingo hegei, isitomiha.

Nahũ o apresentou para Cláudio
  e Orlando:
— Cláudio, Orlando, este aqui é
  o chefe dos Yawalapiti.
Ele quer trabalhar com vocês e
  aprender português.
Quer ser como eu, falante da língua
  dos caraíbas.
— Tudo bem, tudo bem. Qual é o
  seu nome, capitão?
— Meu nome é Kahanahatü
  Yawalapiti.

Ficou difícil para Orlando
  pronunciar o nome de Kahanahatü.
Por isso, ele disse "Kanato", assim
  ficou o nome dele Kanato.[9]

Algum tempo depois, veio
  também Janumakakumã Sapaim
  Kamayurá.[10]
— Primo, me apresente para o
  caraíba. Quero ser como você,
  quero aprender a língua deles.

— Sim, tudo bem.

— Orlando, este aqui é meu primo
  Janumakakumã, chefe Kamayurá.
  Ele veio porque quer trabalhar
  com vocês e assim aprender a falar
  português.
Ele quer ser como eu que entendo
  a língua dos caraíbas.
— É mesmo? Tudo bem. Deixe
  ele vir.

Ülepei leha uãke itsako ikeni.
Tilandinhüko ake leha uãke
itsako Kahanahatüko itsagü
Janumakakumã ake.
Üle hata leha egipanetako kagaiha
akisüki.

Aiha lepene leha sinügü leha tüituna
leha Alahatuána.
Tita leha inhõdilüko iheke.

Assim, Kahanahatü e
Janumakakumã ficaram com eles,
como auxiliares de cozinheiro.
Enquanto isso, aprendiam a
língua dos caraíbas.

Depois Nahü voltou para sua
aldeia em Alahatuá. Deixou-os
por lá.

c. 1948

Itãdene	**Casamentos**

Alahatuáte leha Nahũ itsagü.
Aitsükü leha telo itagüko inha
  ikagũdagü.
Tũhãu ake leha aitsükü leha
  ikagũdagüko.
Tsũei leha itão hotitohoi leha itsagüko.

Nahũ ficou então em Alahatuá.
Tinha ficado famoso entre os
  outros povos.
Falavam muito dele e de seu
  primo Luís. Tinham virado os
  queridinhos das mulheres.

Majaua Kuhikugu heke nhapaga
  ũbege itão ihenügü.
— Inhalü osi itão kilüi iheke. Makaigi
  hüle titaginhinhüi atai eitüholü
  uheke itão kilü leha iheke. Kagaihai
  hüle titaginhinhüi atai eitüholü
  uheke nügü leha iheke.
Üle hinhe leha itão tolotelü leha iheke
  kuãbüi:

Conta-se que Majaua Kuikuro certa
  vez tentou pegar uma mulher.
— Sai fora — ela disse. — Se você
  falasse na língua bakairi eu te
  aceitaria. Se você falasse na língua
  dos caraíbas eu te aceitaria.
Por causa disso, ele compôs uma
  música para a festa kuambü em
  que satirizava essa mulher:[1]

Ekipügü kipügüti uheke.
Ekipügü kipügüti uheke.
Makaigi hüle eitaginhu atai
  eitüholü uheke.
Kagaihai hüle eitaginhu atai
  eitüholü uheke.
Ekipügü kipügüti uheke.
Ekipügü kipügüti uheke.

Você me disse assim.
Você me disse assim.
Se você falasse na língua bakairi eu
  te aceitaria.
Se você falasse na língua dos caraíbas
  eu te aceitaria.
Você me disse assim.
Você me disse assim.

Egea leha iginhu Majaua Kuhikugu
  iginhü.

Assim era o canto de Majaua
  Kuikuro.

Inhalü Lahatua itãugu inhügüi
ihitsüi.
Telo itagü leha tatinhüi.
Nilo Veloso otu asã engelü leha iheke.
Üle hinhe leha inhakasikügü itão
otomo heke.
Sagage gehaleha Külahi inhügü.
Kalapalo itãugu inhügü gehale
ihitsüi.

Agahütü anetügüpe Agitanape
apilü leha hüle egei Aütü heke.
Ijimope inhügü leha tihokoti
jatsitsüi leha inhünkgo.
Tüükila leha Sagiguako
Kahanahatüko inhügü.

Üle hinhe hüle egei Agihutua
Kuhikugu itagü telü leha itigini.
Alahatuána leha inginünkgo
Agihutua heke.
Agitana hisüügüpe hüle ekisei.
Sagiguaha, Kahanahatüha,
ihatikopeha Alaualu la leha
sinünkgo leha Alahatuá hujati.
Tita leha etinkgukilüko ihujani
leha.
Üle atche hüle egei Alaualu inhügü
leha api ndahatohoi.
Aiha haingoi leha Nahü inhügü
aiha leha ihitsüi leha inhügü.
Ülepei leha ihitsüi leha itsagü
tamitsi.
Inhalüha hekite inhünkgoi.
Aitsüküha itsinhulukilü tuokutela
leha tüilükilü iheke.

Mas as mulheres de Alahatuá não
quiseram se casar com Nahũ.
Ele se casou com uma mulher de
outro povo.
Ele tinha comido veado junto com
Nilo Veloso. Por isso, os pais das
meninas da aldeia ficaram com nojo.
Aconteceu o mesmo com Külahi,
Luís.
Ele se casou com uma mulher
kalapalo.

Já Nahũ ficou noivo de uma mulher
yawalapiti.
Os Aweti tinham assassinado
Aritana, chefe dos Yawalapiti.
Coitados, os filhos dele ficaram órfãos.
Sagiguá e Kahanahatü ficaram
sem pai.

Por isso, Agihutua Kuikuro foi
buscá-los, trazendo-os para
Alahatuá.
Ele era parente próximo de Aritana.
Sagiguá, Kahanahatü e a sobrinha
deles, Alaualu, vieram morar na
aldeia Alahatuá.
Eles cresceram entre os Kuikuro.
Foi por isso que Alaualu Yawalapiti
se tornou noiva de meu avô Nahũ.
Quando ele se tornou rapaz,
casaram-se.
Ficaram casados por um bom tempo,
mas eles não se davam bem.
Ela era muito ciumenta e quando
sentia ciúmes o deixava sem mingau.

*Engihõ leha etelüko leha ituna
 Agahütüna.
Meinaku ituteha isünkgülüko ajetsi.
Kogetsi hũda leha mitote etijakilü
 tükotui ihitsü telü leha igakaho.*

*Hakitsetse leha ituko heke atamini.
Atangeha Meinaku Jutá telü
 isingini.
Jutá hekisei Meinaku Sesuaka uũü.
Igakaho leha ihitsü telü hata,
 itunaha etetagüko Agahütüna.*

*Sesuaka itsagü hüle egei Janapa
 Meinaku hitsüi.
Ogopokinetühügüko atai hüle egei
 Nahũ tetagü itukote.
Jutá kilü leha iheke:
— Anhü, egete kuẽke.
Ogopitseha, anhãdzu ngisoiha egete.
Inhalü uakiti anhãdzu ngiso
 ügühütui.
Hesinhüi leha tisüingalü iheke.
Üle hinhe hüle egei eitigi leha
 uetsagü.
Aitsüküha eikagunalü tisinha.
Hekite ehitsü heke eigenu ikagunalü.
— Tanībüle, osipapa — nügü leha
 iheke.*

*Aiha. Ihitsüpe telü leha tüĩdzase
 leha tüituna Agahütüna.
Ajetsi uãke imukuguko.
Ĩdzonhoi geleha imukuguko
 üngelepe igelü leha iheke
 tüangakaga.*

Tempos depois, eles foram para
 a aldeia dela, para a aldeia dos
 Yawalapiti.
No caminho, dormiram uma noite na
 aldeia dos Mehinaku.
No dia seguinte, de manhã cedo, ela
 desamarrou a rede dela e saiu na
 frente, brava.

Quando já estavam distantes da
 aldeia, Jutá foi atrás dele.
Jutá era Mehinaku e pai de Sesuaka.
Enquanto isso a mulher de Nahũ foi
 na frente para a aldeia dos Yawalapiti.

Sesuaka era casada com Janapá
 Mehinaku.
Nahũ passou pela aldeia deles quando
 já estava separado.
Jutá disse a ele:
— Querido, me espere um pouco.
Volte, venha se casar com a sua prima,
 minha filha. Eu não gosto do jeito do
 meu genro. Ele não se dá bem com
 a gente.
Por isso eu vim te buscar.
Muitas vezes recebemos notícias suas.
Sei que sua esposa não te trata bem.
— Puxa, é verdade, tá bom então —
 ele disse.

Sua ex-esposa seguiu sozinha para a
 aldeia dos Yawalapiti.
Eles tinham um filho.
O filho era ainda bebê e ela o levava
 no colo.

Api ogopijü leha Meinakuna.
Ihitsüi leha Sesuaka inhügü leha.

Takeko isünkgüpügü atai aiha ijogu
Jutá kilü iheke.
— Anhü okogetsi akatsange
kutelükoingo Jakagena.
Kigeke atsange tisake tisakisü otoi
eitsokomi.
— Eheniküle aingo hegei kutegamini
apatsange.

Okogetsi hüda mitote ekugu gele
egiküilüko Meinaku tongopengine.
Apitsilüko leha ehuata
nhangahukugukote.
Posto Leonadu ataila geleha.
Makahuku hüle ititüi.
Tago üngüi geleha ititü atai.

Titaha Augako lopenügü ihekeni.
Ugonkgutako hegei Aütuna.
Lepene leha Tsagiuapühüte leha
etetokomi amã ülepe tetomi leha
tüitukona.
Ingilü ihekeni.
Itaginhuko hegei atütüko hüngü
tagü ẽbalüle ihekeni iheke
— Una etetako?
— Ẽe Jakagenu igei titsetagü.
— Ehẽniküle egetuepapa.
— Titsetai hõhõ itigati.

Meu avô voltou para a aldeia
Mehinaku.
Sesuaka ficou sendo a sua esposa.

Passaram-se duas noites, e seu tio
Jutá disse para ele:
— Querido, amanhã nós vamos para
a Base Jacaré.[2]
Você vai conosco para ser o nosso
mestre da língua.
— É mesmo? Bem, vamos lá.

No dia seguinte bem cedo eles
saíram da aldeia Mehinaku.
Desceram de canoa pelo rio Buriti.
Ainda não existia o posto Leonardo.[3]
O local chamava-se Makahuku, isto
é, Casa das Ariranhas.

Lá cruzaram com os Waurá.
Os Waurá tinham subido o rio até a
aldeia Aweti.
Depois tinham seguido pelo
caminho do Tsariuapühü, e de lá
iam para a aldeia deles.
Eles os avistaram.
Levaram um susto pensando que
estava acontecendo alguma coisa.
— Vocês estão indo aonde?
— Nós estamos indo para a Base
Jacaré.
— É mesmo? Podem ir.
— Já estamos indo para lá.

Nahũ itagimbakipügü

*Kohotsi leha giti atai etĩbetagüko
  Jakagena.
Ülepei leha api telü Kalauju inha
  leha.
— Kalauju! Atütüila atsange igei
  uitsagü, nügü iheke.
Atsatagü leha inha egea leha tinhügü
  ihatagü iheke inha.
— Kalauju uehugu hõhõ enguhitse
  utetomi leha Kalapaluna.
— Aingo hegei. Aminga atsange
  etetai ahijão ata.
Aminga hegei isinümingo Manausu
  tongopengine.*

*Takeko Jakagete isünkgülüko.
Ülepe leha aminga hüda leha ahijão
  üntelü Manausu tongopengine
Ülepe ata leha etelüko leha tühitsü ake.
Kugeko etuhutepügü huja leha
  etelüko ahijão atati.
Kamayulako huja leha.
— Aĩdeko atütüko hüngu, tá leha
  ihekeni.
Itaõ ĩbitagü ãide ekise heke, tagü
  leha ihekeni.*

*Ülepei leha etelüko leha ahijão ata
  Kahĩdzuna leha.
Itigati leha nhüntelüko leha Sesuaka
  ake.*

*Aiha.
Etelüko leha anetü Iguka Mokitsoho
  üngati.*

A luta de boas-vindas

No final da tarde eles chegaram à
  Base Jacaré.
Nahũ foi direto falar com Cláudio.
— Cláudio! Eu não estou nada bem
  — ele disse.
Contou tudo o que se passara com
  ele.
— Cláudio, me arranja um avião
  para eu ir embora para os Kalapalo.
— Está bem. Depois de amanhã você
  vai de avião. Depois de amanhã
  chega um avião vindo de Manaus.

Eles dormiram dois dias na Base
  Jacaré.
Depois do terceiro dia, chegou um
  avião de Manaus.
Aí ele pegou esse avião junto com
  sua esposa.
Eles passaram no meio do pessoal
  que se aglomerava, bem no meio
  dos Kamayurá e entraram no avião.
— Vejam, isto está estranho —
  diziam os Kamayurá. — Esse aí
  está roubando uma mulher — eles
  diziam.

Então, eles se foram de avião para
  Kahĩdzu.
Lá eles pousaram, Nahũ junto com
  Sesuaka.

Pronto.
Foram direto para a casa do chefe
  Iguka.

Tita leha itsagüko tamitsi leha.
Lepene leha etelüko ete hekuguna
leha Kunugijahütüna, Inhagü
Hatoho.
Etībelüko leha tigati üne hanũbata
ihekeni Jauaikuma üngü.

— Ãtibe ukugeko ẽta, tünile agoi?
Ãide atütüko hüngü, nügü leha
ihekeni.
Itsalü leha Nahũ heke hakingine.
Ijogu üngati leha etelüko.
— Ẽtako gele? nügü leha iheke.
Itsankgijü leha egei iheke.

Aibeha okogetsi hũda leha hãpuga
giti atai api ikībatagü ihekeni.
Inhalü ekugube. Tatute leha igelüko
iheke.
Ikĩdokope leha Sagama igelü leha
iheke.
Takekoha ikībalü ĩbakilü hisũdu
ihekeni.
Otohongope kae leha ajetsi unkgu
ijakumitsü apilü Katá heke.

— Buuuh… Kunugijahütü.
— Apüngu hegei, nügü leha ihekeni.

Tita leha itsagüko tamitsi.
Aiha Sesuaka nohanügü leha itita.
Ülepe tankgi iheke utoto kusügü.
Jakalu ankgitagüha Kahĩdzute.

E lá ficaram por um bom tempo.
Depois, foram para a aldeia
principal, chamada Kunugijahütü
ou Inhagü Hatoho.
Chegaram lá quando estavam
construindo a casa do Jauaikuma.

— Está vindo gente aí, quem são
eles?
Parece que são estranhos, eles
disseram.
Nahũ ouviu de longe o que diziam.
Foram para a casa do tio dela.
— Vocês chegaram? —
cumprimentou o tio.
Logo o tio o respeitou.

No dia seguinte, ao meio-dia, Nahũ
lutou com os homens Kalapalo.[4]
Foi demais. Nahũ ganhou de todos
eles.
Ganhou até do campeão deles,
Sagama.
Eles lutaram dois dias com ele.
No segundo dia, Katá bateu na
tornozeleira de Nahũ.
— Iuhuuuu, Kunugijahütü.
Gritaram vitória finalmente.

E lá ficaram por muito tempo.
Lá Sesuaka ficou grávida.
Depois nasceu um menino.
Jakalu nasceu em Kahĩdzu.

Kahü atati utetai

Atópe hekuguha tita Niuã Kalapalo.
Tipaki geleha etelükokilü kangaki
  ike.
Nhüntisüi hegei etelükilü.
Aitsükü uãke itsengu kanga helü
  heke.

Niuã telü ngapaha tuãka ehu ingilü
  gele iheke aitsi gele atüpo.
Ãtiha sinügü leha Kaguaja itigi.
Ititaha igatohope ihekeni Kaguaja.
— Kaguaja, angi gele ehu agetsi.
— Ehẽniküle, kigepapa kanga
  kukẽbeta.

Ületseingugi leha Niuã inhügü
  tügekuili
Atangekobeha etelüko.
Kanga heale leha apitsitagüko.
Kaküngi leha kanga helü ihekeni.
Hügeki geleha egei tüheale etetagü.

Aibeha epulenünkgo leha.
Kanga gitügüpe tunügü leha
  Kaguaja heke inha.
Aitsükü leha üle heke inatugijü.
— Kaguaja, ige atehe higei uakiti ake
  uenügü inhalü.
Isitügüpeki kakajü atehe eheke.
Majauagi heke übege uikanalü
  upangahungenalü leha inha.
Üngele gele bekule tũbepügü
  gitugüpei inhügü

Eu vou pelo céu

O melhor amigo de Nahũ era Niuã
  Kalapalo.
Diz-se que eles sempre iam pescar
  juntos.
Era ele quem remava na parte de
  trás.
Nahũ era bom de pontaria para
  flechar peixe.

Niuã foi banhar no rio e viu uma
  canoa sobrando no porto.
Aí ele veio chamar Kaguaja.
Lá nos Kalapalo, Nahũ era
  chamado Kaguaja.
— Kaguaja, ainda tem uma canoa lá
  no porto.
— É mesmo, então vamos lá pescar.

Niuã ficou muito contente.
Lá se foram eles.
Desceram o rio flechando peixe.
Pegaram muito peixe com flecha.

Aí então assaram.
Kaguaja deu a cabeça do peixe para
  o amigo comer. Isso o deixou feliz.
— Kaguaja, é por isso que eu gosto
  de vir com você. Você sempre me
  dá a cabeça do peixe para eu comer.
Quando Majauagi me chama, eu
  fico disfarçando porque ele come
  a cabeça do peixe que ele flechou.

Uingetoteha eheke osi ukingalü leha tügekuili.

Quando você me chama eu logo digo "sim" com alegria.

Aiha Nahũ heke itujü.
— Jahe belaha apüngũdai.
— Háháhá... Aingo bahegei.

Nahũ respondeu então:
— É para você morrer logo.
— Ha ha ha... Tá bom![5]

Tita leha itsako leha Kalapalu huja.
Üle hata leha iginhukilü Hüge Otoi.
Tsũei leha Kalapuko akiti igisü itsagü.
Hüge oto igisü:

Eles ficaram entre os Kalapalo. Nesse tempo, ele cantava as músicas da festa Dono da Flecha.[6] Os Kalapalo gostavam muito desses cantos.

Fenuja fenuja nujani.
Fenuja fenuja nujani
Kalaja kalaja nujanigu nuja huhum nuja huhum
Afatuga imegü nujani
Afatuga imegü afatuga imegü nujani
Kalamikagü imegü nujanigu nuja huhum nuja huhum

Fenuja fenuja nujani.
Fenuja fenuja nujani
Kalaja kalaja nujanigu nuja huhum nuja huhum
Afatuga imegü nujani
Afatuga imegü afatuga imegü nujani
Kalamikagü imegü nujanigu nuja huhum nuja huhum

Isakitingokongope ekugu hegei tsũei.
Üle hataha Takailu Kalapalo akisü itsagü leha isakiti.
Ẽdu inkgatilükilü aiha tajope ingenalü leha ngiko oto eke.
Ülcpc ihanalü leha tajope heke kugeko inha.

Era desses cantos que eles gostavam muito. Por sua vez, Nahũ gostava da fala jocosa de Takailu Kalapalo. Durante um ritual, o dono da festa leva mingau para o centro e chama o coordenador.[7] O coordenador diz então para o pessoal:

— Etĩbatüete etĩbatüeteee...
Üle itünhalü leha Takailu heke.
— Ãde gele uokugu!
Aigehale kanga ihanalü.
— Otuko engigetüe otuko engigetüeee...

— Bebam, bebam, bebam...! Nessas horas, Takailu sempre respondia brincando: — Ainda tenho o meu mingau! Quando ofereciam peixe:

— *Ãde gele uogohongo, nalü leha*
 iheke.
Aiha kugeko ingetoteha nalü iheke.
— *Ina egetüete ina egetüeteeee...*
— *Euege tsapa etete, ehitsühogua.*

Tipakiha egea leha nügükilü iheke.
Takailu hekisei Kalapalo.

Aiha, Nahüko tolotelü leha Luís ake
 ihahai itaõko heke.
Itaõ ĩbipügü kae leha ihekeni.
Ituteha ihãdão itsolotenibügünko
 Ajahi, Müsé, Tigasa, Kamihu
Augateha itsolotenibüngü,
 Meinakuteha itsolotenibüngü.

Ihaha kuhahaha ihaha kuhahaha
Ihaha kuhahaha ihaha kuhahaha
Ihahaha kuhahaha ihahaha
 kuhahaha
Utelü higeini tanümbeke Nahü
 anügü
Utelü higeini tanümbeke Nahü
 anügü
Kaeha utelüingo, kaeha utelüingo
 tanümbeke Nahü anügü

Külahi ake higei, Külahi ake higei
 tanümbeke Nahü anügü

Aiha tita leha o'o ihenügü agitsuẽgü
 heke.

— Levem sua comida, levem sua
 comida.
Ele respondia:
— Ainda tenho peixe no meu jirau.
Quando chamavam o pessoal para
 o centro:
— Venham, venham aqui!
Ele dizia:
— Venham vocês mesmos, vocês
 que não largam de suas esposas.
Takailu Kalapalo sempre falava assim.

Pronto. Aí então as mulheres
 cantaram ironizando Nahü e Luís.
Cantaram sobre eles terem roubado
 uma mulher e partido de avião.
Todas as suas primas cantaram:
 Ajahi, Müsé, Tigasa, Kamihu, lá
 nos Waurá, lá nos Mehinaku.

Ihaha kuhahaha ihaha kuhahaha
Ihaha kuhahaha ihaha kuhahaha
Ihahaha kuhahaha ihahaha
 kuhahaha
Agora vou embora, dizia Nahü
Agora vou embora, dizia Nahü
Vou pelo ceú, dizia Nahü
Vou pelo ceú, dizia Nahü

Vou com Külahi, vou com Külahi,
 dizia Nahü

Pronto. Foi lá que minha avó pegou
 varíola.

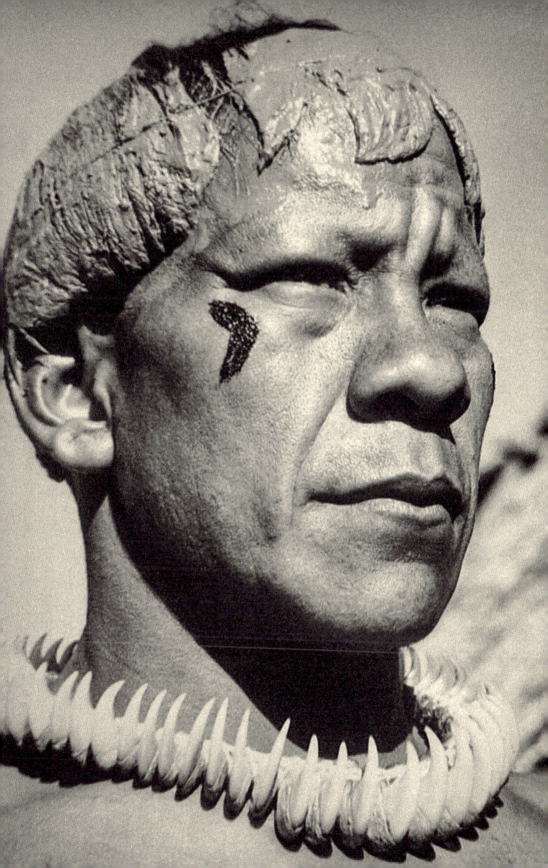

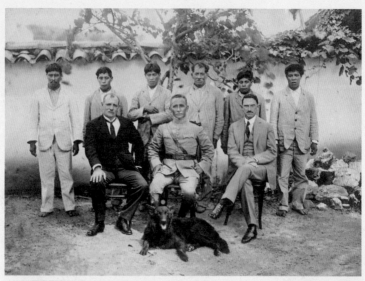

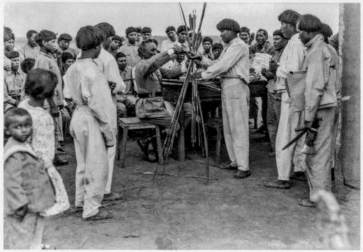

Na página anterior, retrato de Nahü com colar de garras de onça de uso exclusivo de chefes e campeões de luta, 1963.

Acima: Em pé, homens Bakairi vestidos de paletó e de pés descalços, liderados pelo famoso capitão Antonio, que serviu de guia a Karl von den Steinen. Sentados: o então general Rondon ao centro; à sua direita, o médico-cirurgião e senador paulista Carlos de Arruda Botelho; à sua esquerda, Altino Arantes, presidente do Estado de São Paulo (1916-20).

Rondon no Posto Simões Lopes, do Serviço de Proteção aos Índios, recebe presentes dos Xinguanos que visitavam o posto para obter mercadorias.

Equipe da Expedição Matto Grosso (1930-31) posa para foto. Vincenzo Petrullo é o terceiro, da direita para a esquerda, na fileira superior.

Vincenzo Petrullo mostra sua câmera para indígenas do povo Yawalapiti. Expedição Matto Grosso (1930-31).

Nilo Veloso distribui presentes para os
Kuikuro na aldeia de Alahatuá, 1945.

Nilo Veloso com os Kuikuro em acampamento, 1944.

Foto aérea de Alahatuá, 1950.

Nahũ abraça Rondon na Casa do Índio, no Rio de Janeiro, 1949.

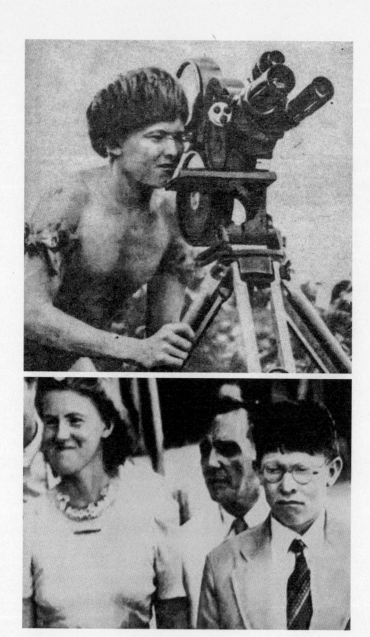

Tügipe (Dulipé) Kuikuro, "o índio branco do Xingu",
em foto publicada na revista *O Cruzeiro*, 1944.

Tügipe (Dulipé) Kuikuro ao lado de sua enfermeira.
Imagem publicada no jornal *Diário da Noite*, Rio de Janeiro, 1944.

Nilo Veloso posando com Nahũ e seu primo Külahi (Luís), no Salto Taunay, cachoeira assim nomeada por Karl von den Steinen em homenagem ao escritor e político Alfredo d'Escragnolle Taunay.

Külahi Luís Kuikuro, companheiro de viagem e primo de Nahũ, 1963.

Embarque de Jakuí [Diacuí] e Ayres em um Douglas D-03 que os levaria para Aragarças, de onde seguiriam para o Rio de Janeiro, onde se casariam na Igreja da Candelária, 1952.

Nahũ e os caciques Kumãtsi e Iguka Kalapalo entregam os falsos ossos de Fawcett para Orlando Villas Bôas e Hideo Onaga, 1951.

Os irmãos Cláudio (à esq.) e Orlando Villas Bôas no posto avançado de serra do Cachimbo durante a Expedição Roncador-Xingu.

Getúlio Vargas, Orlando e Cláudio Villas Bôas por ocasião da inauguração do campo de pouso na serra do Cachimbo, 1954.

Getúlio Vargas coloca cocar ao contrário em homem altoxinguano, durante a inauguração da Base Aérea do Cachimbo; à direita, Tapiyry Kamayurá, 1954.

Nahũ coloca um chapéu de couro de onça, adorno distintivo de chefia, no então presidente Fernando Collor de Mello, 1991.

Comitiva do presidente Artur da Costa e Silva descendo a escada que leva do Posto Leonardo ao porto do rio Tuatuari. À esquerda, vê-se Nahũ Kuikuro com colar de caramujo e de garra de onça; à direita, com colar de caramujo e chapéu de couro de onça, vê-se o cacique Sariruá Yawalapiti; atrás, com óculos escuros, o cacique Wataú Karajá.

Da esquerda para a direita: Jakalu Kuikuro, James Lynch (chefe da Expedição Autan), membro da expedição não identificado e Nahũ Kuikuro, 1996.

O jovem Mahajugi filma Nahũ, que conta uma história, durante oficina de vídeo do projeto Vídeo nas Aldeias. Aldeia de Ipatse, 2002.

O filho Jakalu e os netos Mutuá e Tagukagé chefiam o Quarup de Nahũ. Ao fundo, vê-se a efígie do homenageado e a de seus acompanhantes.

Yamaluí durante o Javari em homenagem a seu avô. Aldeia de Ipatse, 2009.

A família de Nahũ chora ao final do ritual do Javari, despedindo-se definitivamente do morto. Aldeia de Ipatse, 2009.

Yamaluí a caminho da T.I. Bakairi.
Placa da Funai indicando a direção das várias aldeias bakairi.

Yamaluí com dona Laurinda Bakairi na aldeia central Pakuera.

Na página seguinte, Nahũ, já idoso, mas vestido com adornos rituais, incluindo braçadeiras de couro de onça, 1996.

1949

O'o ihetühügü agitsuẽgü heke

Aua Jakalu ankgitagüha Kahĩdzute,
titaha ete atai gele.
Aetsi leha ankgipügü ngunegü atai
o'o ihenügü leha agitsuẽgü heke.
Ülepe leha ĩbutategomi leha ihumilü
Xavantinana.
Etelüko leha ahijão ata Xavantinana.
Inhalüha aua ihenümi iheke.
Üngeletsügütse leha tsuẽi itsae uãke
itsagü.
Tita leha itsagüko o'o ĩbutategagü
leha.

Ititaha Kalapalo itagü itsagü
tüĩdzase inhalüha inkongotsei.
Aiha atsanügü ngapaha leha o'o inha.
— Ĩke uapüngũda akatsange igei
leha.
Aiha iginhu leha

Tihagi inatsugu tuegote.
Tihagi inatsugu tuegote.

Egupüitagü hegei leha.
Ülepei leha kogetsi hũda leha
apüngu.

Aiha Xavantinate geleha api telü
kangaki kagaihako ake aua
ohatohoki.

A varíola de minha avó

Meu tio Jakalu nasceu em Kahĩdzu
quando ainda havia uma aldeia
por lá.
Um mês depois de seu nascimento,
a varíola pegou a minha avó.
Mandaram-na para Xavantina para
que fosse medicada. Foram de
avião.
Meu tio não pegou. Só ela ficou
doente.
Eles ficaram em Xavantina, para
que ela fosse medicada.

Lá havia um Kalapalo, sozinho,
sem acompanhante.
Então, ele disse para a minha avó:
— Veja, eu já vou morrer.
E cantou uma música:

A arraia chora quando vai ser
morta.
A arraia chora quando vai ser
morta.

Ele já estava se despedindo.
No dia seguinte ele morreu.

Em Xavantina, meu avô foi pescar
com os caraíbas para tirar meu tio
da reclusão.[1]

Kaküngi kagaihako telü.
Ikeni leha etelü Rios das Mortina.

Ele foi junto com muitos caraíbas
para o rio das Mortes.

Tita hegei kaküngi kanga etagü
ihekeni uagiti tuhugu.
Ülepe ahugutilü leha isünkgülüko
leha.
Ülepe, koko gita atai leha.
Ekege hugutinhügü atsankgilü leha
kagaihape ipoïjü leha iheke.
Igelü leha iheke tuãkuti leha tsuẽi
leha inegetuko.
Tamitsi tsetse leha inhügü aigehale
isinügü gehale.
Üle hinhe leha isinünkgo leha koko
gita.
Aiha api heke leha kanga inginügü
aua uhatohoi.
Tita leha o'o heke leha kanga engelü.

Lá eles pegaram muitos peixes,
muitas matrinxãs.
Então anoiteceu e eles dormiram.
No meio da noite,
uma onça-preta saiu da água,
pegou um dos caraíbas e o
carregou.
Levou para o fundo da água.
Todos ficaram apavorados.
Demorou um pouco e então
voltou outra vez.
Por isso retornaram ainda no meio
da noite.
Meu avô trouxe peixe para o meu
tio sair da reclusão.
E minha avó voltou a comer peixe.

Xavantinate leha itsagüko.
Lepeneha etelükokilü Aragarçana.
Tita inhünkgokilü.
Xavantinateha inhalüha o'o
kugihüngü butategohoi.

Eles ficaram primeiro em
Xavantina, mas não tinha
remédio para tratar a doença da
minha avó.
Então foram para Aragarça.
Lá eles ficaram.

Üle hinhe hüle egei ihumilüko leha
Hiuna.
Xavatina tongopeinhe leha dotor
Noel Nutel heke leha imokilüko
Hiuna.
Tamitsi leha Hiute ïbutategagü,
takiko isisuanügüko.

De lá, mandaram-nos para o Rio.
O doutor Noel Nutels mandou os
meus avós para o Rio de Janeiro.
Ela ficou muito tempo em
tratamento por lá, foram dois
anos.

Tisügühütu hüngü igei küngapenümi

Aiha tita hüle egei ataimini api
  kaenga akinha etïbelü.
Nkgonhanhate ihingila akatsange
  kagaiha heke leha küngapenügü.
Ãde hüngü geleha ukilüa.
Tügühütuko ati leha kagaiha heke
  kuküipügüko.
Isinünkgo leha Nkgonhanhana
  Kabraoha igeni tigati.
— Ĩke ehisũügü üngapetühügü hõhõ
  kunhita.
Ãde ĩde seu parente üngapetühügü.

Kogetsi hũda leha mitote etelüko
  ingilüinha.
Etïbelüko leha tigati delegado inha:
— Uama eitsagü igei?
— Ãde atsange ese ingitagü uheke
  tühisũügü ingilüinha.
— Ẽkugu, üle uhijüa ihesinhütua,
  nügüha iheke, ihesinhütua.
— Uã hüle igei atühügü?
— Koo, ijegĩdapa üngele, ijegĩdaha
  üngele.

Igiagage unkgu itu kadeja ata.
Salaoha tĩta ũle alu bola agitagü
  iheke teloko ake.
— Ĩke jahe, opü parente kaha egei?

— Üngeleha ugei, ũdongoma egei?
— Xingu atalü akatsange ugei.

Cadeia não é nosso costume

Quando estavam no Rio, chegou
  uma notícia para o meu avô.
Um Xerente tinha sido preso em
  Goiânia.
Já há tempos os caraíbas nos
  prendiam.
Ainda hoje insistem em nos fazer
  aceitar o costume deles.
Foi Cabral quem levou Nahũ até
  Goiânia.[2]
— Olha, vamos visitar um parente
  seu que está na cadeia, ele está
  preso.

No dia seguinte foram visitá-lo,
  chegaram na delegacia e foram falar
  com o delegado.
— O que você quer?
— Eu o trouxe aqui para que ele visite
  seu parente que está preso.
— Pois é, ele é muito mau, por isso
  que ele está preso.
— O que ele fez?
— Ah, sei não, pergunta pra ele.

O lugar em que ele estava na cadeia
  era bem apertadinho.
Quando Nahũ chegou, ele estava
  jogando futebol de salão.
— Ei, venha cá! Você é parente?

— Sou sim, e você é de onde?
— Eu sou do Xingu.

Delegado kilü iheke:
— Atsakeha inha, atsake inha.

Isüü enhümbata leha ingilüinha.
Aitsingoi leha opogijüko leha tita.
— Ĩkeha uhisüügü opipügü akige
*   übege uheke.*
Kagaiha heke hüle egei uhisüügüpe
*   elü.*
Üle hinhe hüle egei kagaihape elü
*   leha uheke.*
Ugepe leha nhüngapenünkgoi.
Tilako leha uisüadühügü īde.

Itsata Kabrao heke.
— Kigeha delegado inha, kukitaha
*   iheke.*
— Itsalü hegei uheke, ukitai hõhõ
*   delegado heke, Nahũ kilü leha.*
— Uāha uatühügüki uihatingalü,
*   okotiha.*

Ülepe tüteko delegado imünhigenga:
— Uhisüügü ingitagü atsange
*   egei uheke inhalü akatsange igia*
*   inhümi.*
Inhalü akatsange igia inhümi
*   tisügühütu hüngü tale igei.*
Tisügühütui hüle ipolü ülegote hüle
*   igia ipolü.*

Delegado itaginkgijü hata leha
*   iheke diki isüü enügü:*
— Ĩkeha isüüha esei.
— Oh parente como vai?

O delegado disse então:
— Conte para ele o que você fez.

Nisso, o pai do Xerente estava
   chegando para visitá-lo. Eles se
   encontraram lá mesmo.
— Veja, eu vinguei a morte do
   meu irmão que foi morto por um
   caraíba.
Foi por isso que eu matei o caraíba.
Mas foi em vão, pois acabei preso.
Faz três anos que estou aqui.

O Cabral estava ouvindo.
— Vamos falar com o delegado,
   vamos.
— Entendi, eu vou falar com o
   delegado — disse Nahũ.
— É difícil eu sair daqui, está
   perigoso.

Falaram então com o delegado
   face a face:
— Eu estava vendo meu parente,
   ele não pode ficar desse jeito.
Não pode ser assim, não
   tem nada a ver com o nosso
   costume.
Se nossa cultura fosse assim,
   ele poderia ficar aí desse jeito.

Enquanto ele falava com o
   delegado, entrou o pai do preso.
— Veja, este é o pai dele.
— Ô parente, como vai?

Kahetinhõbake ataiti, üdongoma
egei?
— *Xingu atalü ugei.*
— *Umugu ihatigomiha, umugu*
ihatigomiha.
— *Angolotse ihatigomiha leha*
ngikogo ügühütu hüngü tsale igei.
Inhalünaha igia ngikogo anügüi.
Itsuniteha ale tütenhü gele tsihugei.
Tisügühütu hüngü hüle igei kadejai,
Inhalü hüle igia ngikogo tüilüi
ehekeni.
Tütomi hüle kagaiha heke
ihisüügüpe etagü?
Aũgu hüngü hüle egei tuhisüügü
opitsohoi iheke.
Angi akiti ehisüügü eholü ẽibata?
Inhalüha akiti ipolüi.
Kagaiha hüle ekisei tühügitenhüi.
Ege gehaleha delegado ehügi tetagüi
gehale igei, Nahũ kilü leha.
— *Ẽhẽ, anetügüko hekeapa hõhõ*
kigake.
Ogõdõu heke hegei nügü iheke.
— *Apüngu hegei.*
Tsükü tsükü...
Kabrao akiti leha egea api kilü
itsagü, isakiti leha egea nügü iheke.

Tügeküili leha ihatilüko isüü ake.
— *Apüngu hegei!*
Lepene leha isüüpe telü leha
ihogitalani.
Ingila akatsange Xerente üilü leha
egea uãke kagaiha heke.

Por favor, me ajude aqui, você é
de onde?
— Eu sou do Xingu.
— Deixa o meu filho sair, o meu
filho sair.
— É verdade, ele deveria poder sair,
isso não é cultura dos índios, índio
não é assim não.
Nós andamos livres pela mata.
Cadeia não é costume dos índios,
vocês não podem fazer isso com
um indígena.
Por que o caraíba matou o irmão
dele?
Ele tem razão em vingar o irmão dele.
Será que você ia gostar que alguém
matasse o seu irmão na sua frente?
Claro que você não ia gostar.
Foi o caraíba quem errou.
Você também está errando,
delegado.
Foi o que Nahũ falou.
— Está bem, falem com seus chefes.
O delegado estava mencionando
Rondon.
— Agora vai liberar — pensou Nahũ.
O delegado assinou uns papéis.
Cabral gostou das palavras do meu
avô, da fala dele.

Nahũ e o pai do Xerente saíram
contentes da delegacia.
— Agora vai resolver!
Depois o pai afastou-se deles.
Já faz tempo que o caraíba fez isso
com o Xerente.

Ülepei leha ogopijüko leha Hiuna.
Aiha papepe humilü leha ihekeni
  Cabral ake Ogõdõu inha.
Ülepei nhatüi isünkgüpügü atai aiha
  ikagu leha api inha.
Hiute geleha atai ikagu leha inha.
Kabrao kilü:
— Nahũ, tihati leha akatsange
  Xerentipe leha.
— Ata eniküle leha.
Tügekuili leha tsũei Nahũ inhügü.
Aitsükü ekugu hegei
  ahetinhõbapügüko iheke. Egea leha
  uãke itsengu.

Ülepei leha Hiute leha itsagüko.
Amigote gehale ingenügü Brasiliana
  etetomi. Assinai itsomi Xingu
  ngongu kaenga. Tita leha assinai
  inhügü.

Üle hata hüle egei Nahũ hãu heke
  Makalá heke kanga ogõtepügü
  humilü inhani.
Ahijão ataha ihumilü iheke.
Ikineha kanga õgotepügü hikutaha
  hũiha.
Ületse ingugiha isuãdene uhunügü
  ihekeni.
Tãuguilani leha tengetagü ihekeni.
Ikine kagutigatühügü leha itsuhitsa
  leha ihekeni.
Tita leha itsako tamitsi.

Depois Nahũ e Cabral voltaram
  para o Rio.
Eles enviaram o documento para
  Rondon.
Cinco dias depois chegou a notícia
  para o meu avô, quando ele estava
  no Rio.
Cabral disse:
— Nahũ, o Xerente já saiu da cadeia.
— É mesmo? Beleza.
Nahũ ficou muito contente.
Ele tinha ajudado pra valer.

Ficaram então no Rio.
Algum tempo depois, chamariam
  Nahũ para ir a Brasília,
para que ele assinasse o documento
  da demarcação da Terra Indígena
  do Xingu.
Mas deixo isso pra depois.

Enquanto isso, o primo de Nahũ,
  Makalá, mandou peixe assado para
  eles.
Mandou pelo avião.
Tinha beiju, peixe assado e ovo de
  tracajá.
É assim que ficaram sabendo que já
  estavam na época da seca.
Eles comeram muito.
Molhavam o beiju seco na água.
E ficaram ainda muito tempo
  por lá.

Rondon kolagüpe

*Üle hata hüle egei Ogõdõu telü
 ingilükoinha.
Üngeleha Kabraoha ingitinhi.
Itsasitatinhĩbüngükope ekuguha
 ekisei.
Ngikogo kasitatinhĩbüngüha ekisei
 indigenistakope:
— Ogõdõu etsagü akatsange igei
 eingilükoinha.
Ogõdõu enhümingo akatsange
 kogetsi eingilüinha.
Hekite leha o'o atai leha,
 itsugihüngüpe kahanügü hata leha.*

*Kogetsi hũda ĩde giti atai etelü
 ingilükoinha.
Tüĩdzase leha etelü hangamitagü
 ihekeni.
Ülepe tute inhani ikongo enhügü
 hegei jujuju.
Osipita kusügüpe alenügü leha egei,
 atatuha akagoi isingi kaküngi.
Ngikomugupe ngapale ekisei uãke
 tinhaheni ekugu uãke.
Isinügü hegei isepongani:
Igei eitsagü?, nügüha iheke. Kugitse
 kũegükaha igei akae?
Atütüitsaha igei einhümingo leha,
 atütüi leha einhümingo. Eteke
 atsange leha, eteketsüha leha eituna.
Eilãdũda leha, kanga leha ilãdeta.
Ikine ikijüingo leha eheke ülepe
 ekulüingo leha kanga ake eheke.*

As miçangas de Rondon

Na mesma época, Rondon foi
 visitá-los.
Foi Cabral quem trouxe Rondon.
Era ele quem cuidava de Nahũ.
Era um dos indigenistas que
 trabalhava com todos os
 indígenas.
— Rondon está vindo visitar vocês.
Ele chega amanhã.
Isso foi quando minha avó já tinha
 melhorado, estava melhorando.

No dia seguinte, nesta hora, ele
 foi visitá-los.
Eles pensavam que ele viria
 sozinho.
Mas muitas pessoas vieram com
 ele.
O pequeno hospital ficou cheio.
Com ele vinham muitos soldados.
Não sei como ela tinha tanto
 poder.
Rondon veio e ficou ao lado deles.
— Você está doente? Você está
 com doença grave? Com certeza
 você vai melhorar, você vai
 melhorar. Pode voltar para a sua
 aldeia, volte para a sua aldeia
 para você cozinhar peixe. Você
 vai fazer beiju e depois você vai
 comer com peixe.

Unatsüma kukinkgugula tütenhüpe
  egea tá iheke.
— *Kangakitsüha "meu filho" tetomi,*
  nügü iheke api heke. Kangaki
  leha etelüingo ülepe ilādetomi leha
  eheke. Ülepe engelüingo leha eheke.

— *Otonūda tsaka igei leha Xingu*
  ingilüti leha. Üngingipügübaha
  egei Xingui leha.

— *Emuguha esei?*
Aua unkgetu ndakualü leha
  iheke tinhatügüki hülunkguti
  gele atai.
— *Ilainha leha aitsükü isanetuingo,*
  anetüingo esei.

Ahijāu ata ēbalüle isitühügü gele
  Manausu tongopeinhei kahüa gele
  Xingu tupinhe.
Inhalü hüle iná nhütelüi.

Aiha o'o ikatuha inha:
— *Uinha hōhō uilü ihipügü*
  engunkge.
— *Uama egei tá iheke?*
— *Silü kola ihipügü tundomi eheke.*
— *Ēhē aingo hegei, ihipütelüingo*
  hegei uheke. Ülepekiha igia
  ngongo ipolü eheke.

Parecia que ele já nos conhecia,
  que já tinha estado entre nós.
E se referindo a Nahū dizia:
— Para que o meu filho possa ir
  pescar.
Aí ele vai pescar e é isso que você
  vai cozinhar, é isso que você
  vai comer.

— Você está com saudade do Xingu?
  Eu já vi o Xingu.

— Ele é seu filho?
Ele colocou o dedo na boca do meu
  tio, quando ele ainda engatinhava.
— Futuramente, ele será um grande
  chefe, um futuro grande chefe.

Rondon só havia passado pelo
  Xingu por cima, quando estava
  vindo de Manaus de avião. Ele
  nunca pousou aqui.

Aí minha avó pediu para ele:
— Me arruma um colar de miçanga.
— O que ela está falando?
— Está falando para você comprar
  um colar para ela.
— Está bem, eu vou comprar
  com isso aqui ó (mostrando um
  punhado de dinheiro). Com
  isso aqui você compraria até um
  pedaço de terra.

*Igia unkgu inhügü inhengokugu
enhügü leha inkgatilüinha.
Ẽletsa hüle kitaginhinügüti inhalü
inhengokugu heke leha ahaingalü.
Tungiti hekuguha.
Aetsitsiha ingilükoinha etelü.
Aminga hũda leha igia ekugube
kola amipügü inginügü,
akũakiale leha.*

Rondon ficou lá um tempinho e
depois seu funcionário o levou.
Ele queria conversar com todo
mundo, mas o seu funcionário
não deixava.
Ficava protegendo-o.
Ele foi vê-la uma só vez.
Passados dois dias, trouxeram
miçanga para ela, assim
embrulhado. Ela gostou demais.

1952

Ahijão üntegoho Galeão

— *Nahũ, presidente da hepubilika*
heke atsange eingetagü.
Kangamukei gele egei aua atai.
Atangekoha mitote gele hegei etelüko
leha ahijão üntegohona.
Kaküngiha kugeko tepügü itsagü
tita.
Ahijão üntegohope alenügü leha
butsi.
Atatuko atangatũdagü hegei tinapisi
ahijão üntelü igakaho.
Üle atangategagü hegei tsuẽ.
Ãde igehũde aua unkgetu heke
ingitagü.
Aua unkgetu ingujalü gele hegei jato
üntelüpügüi tsürürü...
Egehũde leha jatu itsagü tahehi leha.
Telo atai geleha tüntela tigati,
letsügü geleha egei.

Ituluaka atai hegei anetüi.
Kagaiha kilü iheke:
— *Nahũ, inaugurai atsange igei*
ahijão üntegoho tüitagü, latsi
akatsange ahijão leha.
Mitote ekugu geleha jato üntegagü.
Itita geleha etinhãbalüko uama
ihanalü.

A inauguração do Galeão[1]

Ainda no Rio, meu avô recebeu um
  convite:
— Nahũ, o presidente da República
  está te convidando para a
  inauguração do aeroporto.
Meu tio Jakalu ainda era criança.
Foram pela manhã para o aeroporto.
Tinham muitas pessoas por lá.
O aeroporto estava superlotado.
Os soldados tocavam trompete
  antes do avião pousar.
Tocavam muitos instrumentos
  de sopro.
Meu tio ainda pequeno assistia a
  tudo isso.
Meu tio ainda se lembra bem
  do pouso do avião a jato:
  tsururururu...
Lá estava o jato, pousado com suas
  asas abertas.
Nenhum outro avião pousou
  depois, foi só aquele mesmo.

Isso foi na época do Getúlio Vargas.
Um caraíba falou para Nahũ:
— Nós estamos inaugurando um
  aeroporto, daqui a pouco chega o
  avião.
Bem cedo pela manhã o avião a jato
  pousou.

Ige hungu ata pape tüigatühügü
igükata.

Comeram por lá mesmo, comeram
em prato de papel.

Üle hata leha anetü itsagü leha
igihükügükote.
Üle lopetigi leha anetü telü leha.

O presidente estava lá no meio
deles.
O presidente tinha ido ao encontro
deles.

La akatsange uãke ene ngikogo
anetügü uãke aitsükü kagaiha
anetügü akiti.
Ãde leha hüle inhalü leha anetaõ
inhügüi ngikogo anetügü ingilüti.

Antigamente os chefes dos caraíbas
gostavam muito de encontrar os
chefes indígenas.
Hoje em dia eles nem querem
vê-los.

Lepene leha ogopijüko leha ina leha
Xinguna.
Ahijão ata leha nütelüko Alahatuá
ipagü kuati.
Aiha o'o kolagü inhõtĩdelü leha
itaõko leha tatutoloi.
Isagage gehaleha itagü ihekeni
tetinhani.
Ülepe tüitagü leha ihekeni
tüĩditsükoi.
Ülepe gele uãke egei nhigelüi tüilüi
apüngũdote.

Depois voltaram para o Xingu.
O avião pousou na lagoa de
Alahatuá.
Ao chegar, as mulheres Kuikuro
colocaram linha na miçanga da
minha avó.
E também pegaram para si mesmas.
Cada uma pegou um pouco para si
e colocou no pescoço.
Ao morrer, minha avó levou sua
miçanga para o túmulo.

Faoseti ipügüpe

Tüituteha atai Alahatuáte.
Ingenügüha Kalapaluko heke.
Atangeha etelü inhani.
Olãdu heke alehüle egei Kalapalo
ikukinetagü.
Ügeleha Fauseti ipügüpe kae.

Tsuhügüi nhagapaha uãke ĩde
kagaiha enhügü.
Atanhenügü gele ĩde kengikahoni.
Kagaiha kuẽgü ekisei Fauseti.
Kalapalo ituna ngapaha etĩbelü.
Itita hõhõ itsagü lepene leha etelü leha.
Kalapaluko telü leha ike.
Hakileha etepügüko atai akinünkgo
leha ogopijüko leha.
Fausetipe telü leha igehujati tüĩdzase.
Egea atsange uãke inhügü.

Inhalüha Kalapaluko engikomĩdui
Olãdu itüjü heke.
Üle hinhe hüle Nahũ ingenügü
ihekeni.
Hekiteha Olãdu inha ihatomi iheke.

Aiha etelü leha itigati.
Aiha etĩbelü leha Kalapaluko ituna.
Isanetügüko kilüha isanetügüko kilü:

— Inhalü ekumatsange
tisikaminkgita kusekuakige
kutãupügüko heke ũtsi.
Opü inhalü tisataingope hüngü tale
egei gele uãke ukita bẽbẽge iheke.
Inhalü ekuguma uhunümi tiheke.

Os ossos do coronel

Nahũ estava em sua aldeia, em
 Alahatuá.
Os Kalapalo o chamaram para que
 fosse até a aldeia deles.
Orlando insistia com os Kalapalo
 para que contassem onde estava o
 esqueleto de Fawcett.

Há muito tempo um caraíba chegara
 ao Xingu e ali mesmo sumira.
Fawcett era estrangeiro,
 hipercaraíba.[2]
Parece que chegou na aldeia Kalapalo,
 ficou por lá algum tempo e depois
 se foi.
Os Kalapalo foram com ele.
Quando já estavam longe, cansaram
 e retornaram.
Fawcett seguiu sozinho pelo mato.
Era só isso que sabiam.

Os Kalapalo não tinham como
 responder a Orlando.
E por isso chamaram Nahũ.
Para que contasse tudo muito bem
 para Orlando.

Pronto. Nahũ foi para lá.
Ao chegar, o chefe Kalapalo lhe disse:

— Sobrinho, nosso avô está nos
 perturbando demais.
Nós estamos dizendo para ele em
 vão: isso aconteceu muito antes da
 nossa época.

*Ũde ngapaha leha ütelü leha, inhalü
leha uhunümi tiheke.
Aitsükü kutãupügüko heke
tisikukineta.
— Eniküle, eniküle nügü iheke.
Ingitüeniha amago.*

*Üle hinheha anetaõ kilüha tatute
belaha tagü ihekeni.
— Lualeha Mugika itsügüpe
kũbakigake inha akitomisuha.
Kunhinkgugitüngitsapa üngele.*

*Okogetsi hũda leha etelüko Mugiká
hakilüinha leha.
Olãdu itsagü hüle egei ipügüpe
hakilüti.
Ülepe tũdomi leha Kalapalo heke
inha.
Aitsüküha tinhegutiha Olãdu itsagü.*

*Aiha Olãdu kilü:
— Nahũ hekite ekuatsange egei
enhügü.
Faoseti ipügüpe hakilüti
ekulakatsange uge, Olãdu kilü leha
ihekeni.
— Een unguasuma tá iheke egei?
— Ipügüpe hakilüti ekulakatsange
uge tagü iheke.*

*— Kahukuigi tsüna leha apiniha
tihatiha tagü iheke. Kahukuigi
tsüha apiniha ila aleha ãde
ngikomüde hĩde.
— Ongĩdagü tahüle igei uinha hüle
ehekeni ongĩdagü.*

Nós não sabemos de nada mesmo.
Para onde ele teria ido? Ninguém
sabe.
Nosso avô está insistindo demais.
— É mesmo? Vamos lá ver.

Foi por isso que os chefes Kalapalo
disseram então:
— Vamos desenterrar os ossos do
chefe Mugiká para ele parar de
insistir.[3]
Vamos enganá-lo.

No dia seguinte foram desenterrar
o corpo de Mugiká.
Orlando queria que
desenterrassem um esqueleto.
E um esqueleto era o que os
Kalapalo iam entregar para ele.
Orlando devia estar atrás de
dinheiro.

Orlando disse:
— Nahũ, ainda bem que você veio.
Eu estou querendo mesmo
desenterrar os ossos do Fawcett.
— O que foi que ele disse? —
perguntaram os Kalapalo.
— Eu quero desenterrar os ossos
dele — foi o que ele disse.

— Dizem que Kahukuigi foi quem
o matou. Kahukuigi foi seu
matador. Onde será que foi isso?
— Vocês estão escondendo de
mim, estão escondendo de mim
— respondia Orlando.

*Aibeha Mugiká ipügüpe hakilü leha
  ihekeni.
Etetongokope heke leha igelü Tehupe
  tuponga.
Igelü leha ihekeni hagu Isatahakagu
  tuponga.
Tigati Mugiká ipügüpe onginügü
  ihekenei Faoseti imagüpena.*

*Etībelüko leha tongindi Olõdu heke
  uhutüingini.
Ülepei ihanügü leha ihekeni:
— Aí akatsange leha.
Angi akatsange ipügüpe leha angi.
Angi jahale uhupolü tinkgugikügü
  uhupolü iheke?
— Ẽẽ kulakatsange tüngingigokiko
  akatsange, Nahũ kilü leha.
Enginiha hüati titage leha ukingilü
  iheke.
Tsatüeha ege heke hegei ukilü tagü
  ihekeni.
— Koo ahütü ata, nügü ihekeni.
Engini heke itsotakitagü.*

*Aiha Olãdu telü Nahũ geponga:
— Nahũ, uama tá ihekeni?
— Ẽ tü, nügü iheke.
Angi ongīdühügü tagü ihekeni.
Ĩkenipa igehunde inhangu ailu tsüha
  egei Olãdu ailu.
— Ingikeha, nügü iheke, ingikeha.
Tuepügüha Kahukuigi heke ukitagü
  tinale hegei.
Aka tühüngüma ihatetiha uinha
  tühüngü tühüngü, nügü iheke.*

Foi então que desenterraram a
ossada do Mugiká. Da aldeia
seguiram por detrás de Tehupe,
de lá passaram por trás do lago
Isatahakagu.
Lá adiante eles tinham enterrado
o corpo de Mugiká, bem no
caminho que Fawcett tomara.

Chegaram ao local escondidos para
Orlando não ficar sabendo.
Depois disso eles contaram para
Nahũ.
— Pronto, pode ir lá. A ossada dele
está lá adiante. Será que ele vai
cair nessa?
— Bem, ele tem uma máquina
que serve para ver tudo — Nahũ
respondeu.
Ele tem pajés para ver com
facilidade. Prestem bem atenção
no que eu digo.
— Que isso, deixe isso pra lá —
eles responderam.
Alguns deles não estavam
convencidos.

Orlando se aproximou de Nahũ:
— Nahũ, o que eles estão dizendo?
— Dizem que ele foi enterrado ali.
Orlando saiu dançando, festejando.
— Está vendo, está vendo. Eu não
tinha dito que fora Kahukuigi
que o matou? Quem será que me
contou, quem terá sido? — disse.

*Ige hungu ütinha kusügü ata kola
tsekegü tsetsebeha kola ige hungu.
Üle eginki leha tugupotsi kola
tüipügü iheke:
— Nahũ, tsake hõhõ ukilü.
Tüma isakitini ihipügüi
ungunümingoi?
Angikaha kola ipolü ihipügüi.
Unguhunguma kolai isakitini
unguhungu isakitini?
— Inhapetokike hõhõ inhatügüko
igükagati itsomi.
— Ehẽ.
Ülepe tankgi iheke inhatügüko egĩki.
— Unguhunguma isakitini tagü
akatsange kutãupügüko kitagü igei.
Ihipügüingoi letaleha ungunümingoi
tatute einhani tagü iheke?*

*Ẽẽ inhalü isekuitügisaleni ekugu leha
Kalapalo gekuitügisale.
— Ehẽ, ehẽ aingo hegei kolai
itsomiha.
— Eingukingoko enguhitsüe.
Ãdelatsetse hegei ingunkginguko
hõhõ:
— Ehẽ alatsüki ũtsi, nügü iheke.
Ige itsomi ige tukumilinhü itsomi,
— Ehẽ nügü iheke — Olãdu nügü
iheke.
Ige itsomitsügü tukumilinhü itsomi
tagü akatsange ihekeni.
— Ẽhẽ nügü iheke aingo hegei, nügü
iheke.*

Orlando pegou garrafinhas cheias
de miçangas para mostrar para os
Kalapalo.
— Nahũ, ouça o que eu vou dizer.
O que eles vão querer como
pagamento?
Será que aceitam miçanga?
Qual o tipo de miçanga que eles
preferem?
— Tire a tampa e coloque na palma
da mão deles, aí veremos.
— Está bem.
Ele tirou a tampa e derramou na
mão deles.
— "De qual eles gostam mais?" Foi
o que disse nosso avô — traduziu
Nahũ.
"Para que eu possa dar como
pagamento para todos vocês",
é isto o que ele está dizendo.

Eles ficaram muito felizes, os
Kalapalo ficaram felizes.
— Sim, sim, tudo bem, pode ser
miçanga mesmo — diziam para
Orlando.
— Vejam bem o que vocês querem.
Pensaram por um tempinho.
— Tá bom, sobrinho, pode ser azul,
pode ser azul.
— Tudo bem.
— Sim, pode ser azul mesmo —
eles disseram.
— Tudo bem — respondeu
Orlando.

Utetai hõhõ Xavantinana utetai
Xavantinana.
Igia akatsange uünkgülüingo hõhõ.
Takeko uünkgülüingo Xavantinate
Lepene leha uenhümingo ina.
Lepene alehüle kutelükoingo leha
ihakilüinha.
— Aingo hegei.
— Ũtsi, uãsoma tá iheke Kalapaluko
kilü?
— Utetai hõhõ ihipügüingo hõhõ
nhitai egena tipüminhü.
Einhanitiha ungunügüi utībegote
tagü iheke
Utībelüingoha upügüi aitsiha
unkgülükoingo ĩde. Okogetsi hũda
leha kutelükoingoha ihakilü inha
leha tagü iheke.
— Aingo hegei aingo hegei, tá
telitükiko tãtsase.

Aiha.
Tetüi leha Kalapalo tetüi tetüi.
Tipüminhü ihenügü igakaho letsügüi
gele hegei.
Isünkgülü, lepe leha topu kogetsi
topu lepe.
He hijãu enhügü ĩde giti atai.
Jonalista beha Miutu kagaiha ikeha.
Antonho embalüle.

Depois Orlando disse:
— Eu vou para Xavantina. Vou
dormir lá duas noites e depois
volto aqui.
Só então nós iremos desenterrá-lo.
— Tá certo.
— Sobrinho, o que foi que ele
disse? — perguntaram os
Kalapalo a Nahũ.
— "Vou primeiro buscar o
pagamento para dar as miçangas
azuis quando eu chegar.
Quando eu chegar, vamos dormir
aqui.
No dia seguinte, vamos juntos
desenterrar os ossos", foi o que
ele disse.
— Tá certo, tá certo — todos
concordaram.

Basta.
Os Kalapalo estavam prontos para
receber primeiro as miçangas
azuis.
Dormiram. Depois no dia
seguinte, chegou um avião, mais
ou menos nessa hora.
Vinha um jornalista com ele.
Na memória de meu avô, ele se
chamava Milton, mas deve ser o
Antonio Callado.[4]

Olãduko etībelü leha:
— Osiha kigeke.
Etelüko leha.
Egiküipügükopei geleha itaginhü
    jonalista ake.
Ĩtsagü atüponga geleha etībelüko.
Ehua geleha etelüko titaginhaleni.
Üle heke Kalapalu ihugukitagü.
— Hũũ hũũm hũũ, angihogi tinika egea
    uitsolü? — Kalapaluko kitagü leha
— Sagage eitse sagage — ikijuhijüi
    tsetse leha hüle.

Apakilü leha Peko hekeha egea.
Hankgungingati püu püu.
    Tehupena leha inhünkgo.
Kaküngi hegei Kalapaluko telü.
Hagu Isatahakagu kuati hegei
    etetagüko.
Ülepe, telokoha ila ehua.
Ehuha igehunde üle ati Olãdu leha
    jonalista leha ike.
Püu püu püu…

Agaketühügüna geleha enkgulüko
    etelüko leha amã leha.
Etĩbelüko leha tigati.
Tãdükakinhüna leha egei itükãijüko
    egea ekugu.
Aiha itaginhüdukʋ hõhõ itita.
Kaluene hihitsingohonpena hegei
    etĩbelüko leha.

Aiha anetü Kumatsi kilü:
— Ũtsi, nügü iheke Nahũ heke.
Unguama uãke ehekeni Kaluene?
— Ẽ apitsi letaha, apitsi.

Orlando chegou com ele:
— Pessoal, vamos lá.
E foram desenterrar o corpo.
Desde que partiram foram
    conversando com o jornalista.
Até que chegaram no porto de Ĩtsagü.
Pegaram uma canoa e seguiram
    conversando.
Os Kalapalo ficavam admirados ao
    ver Nahũ conversando tanto com
    o caraíba.
— Será que eu posso ficar como
    ele? — dizia um Kalapalo.
— Fique igual a ele, fique igual a ele
— zoavam os outros.

Avistaram Peko, ali estava Peko.
Alcançaram o Culuene e desceram
    remando até o pedral.
Muitos Kalapalo foram juntos na
    canoa com Orlando e o jornalista,
    remando.

Aportaram onde a lagoa se divide e
    seguiram a pé pelo caminho.
Chegaram lá.
Para alcançar Tãdükakinhü eles
    subiram bastante.
Lá ficaram conversando.
Eles tinha chegado ao sítio de
    Kaluene.

Então, o chefe Kumatsi disse:
— Sobrinho — ele disse para
    Nahũ —, o que era Kaluene para
    você?
— Era o meu vovô, meu vovô.

— Angaunpügüko laleha.
Angaunpügüko hihitsingohõpe
akatsige, nügü iheke.

Ẽẽ tigitahitili gele lahüle kankgatü
geleha.
— Angãupügüko hihitsingohonpeha
igeiha.
Ĩdeha atai kagaiha etsagüha
Faoseti etsagüha itsaenga. Inaha
itsaengaha itsaengaha.

Olãdo! Nahũ kilü:
— Kaluene hihitsingohopetü igei,
nügü iheke.
Ĩdeha atai Faoseti etsagüha
itsaengaha.
— Ehẽ, capitaupe niküle?
— Alabe üngelebelaha.

Titaha atamini egei Kaluene kilü
iheke Faoseti heke:
— Ĩde hõhõ eünkgüke uhüa, nügüha
iheke.
— Ehẽ aingo hegei ĩde hõhõ akae
uünkgütai, nügü iheke.

Lepe itupetü higei igei itupeha.
Lepe lahüle ahugutipügü atai.
Tü apogu hüngüma kagaiha atehe.
Ihĩtsitagü laha ihekeni lepei nügü
iheke Faoseti kilü:
— Kapitau, kapitau ĩde akenhitsange
küngamuke telü, nügü iheke.
Ahütüha eihatilükoingola ĩde ige
igatelü akatsange uheke igei.

— Seu avô...
Isto aqui então era o sítio do seu
avô — ele disse.

O sítio estava abandonado, mas
ainda limpo e cheio de carvão.
— Este era o sítio de seu avô. Foi
no tempo que ele estava aqui, que
o caraíba chegou, que Fawcett
chegou para ficar com eles.

— Orlando! — chamou Nahũ. —
Este era o sítio de Kaluene.
Enquanto ele estava aqui, Fawcett
chegou para se hospedar com ele.
— Certo, ele era capitão, não era?
— Sim, ele mesmo.

Naquele tempo em que estavam
todos no sítio, Kaluene disse para
Fawcett:
— Por favor, durma aqui comigo.
— Está bem, eu vou dormir aqui
com você — respondeu Fawcett.

Era este o lugar que ele tinha
ficado.
Depois, ao anoitecer, todos vieram
vê-lo.
Os caraíbas eram uma novidade.
Fawcett, então, disse:
— Capitão, capitão, as crianças
não podem andar por aqui, não
podem sair por aqui, eu vou
colocar isto aqui. Se uma criança
passar e mexer nisso, pode até
morrer.

Ēnaha küngamuke ihatiholü ihiholü
tokü tokü he tueholü leha iheke.
Kanhāu ēbalüle nhigatelüi:
Egeaha Kumatsi heke ihatagü.

Aiha. Olādu kilü Nahü heke:
— Nahü, atütüi atsange jonalista
inha ketihati, Olādu heke apenügü.
Uge tahüle uinha ihanügü eheke
hekite.
Tingukitilaha Olādu inegetüdagü
hegei.
— Olādu, nügü iheke anetü Iguka
kilü.
Ülepe higei lepe.
Ineha isinügü uh ine indongopeinhe
leha hüle ütelü.
Túú apilü leha apüngü leha apüngü.
Ēē inhatepügü hegei angiha
ipügüpe angi.

Tigitigi ekutsü tsüitsüi Olādu.
Ihakilü iheke pok pok pok.
Inkgugitagüko hegei ihekeni.
Ipügüpe boo ipügüpe aiha ah
isitügüpe inügü mbüu.
igia sitügüpe titi tsorokü Olādu heke.
Ĩkenipa inhangunenügü igehunde
iheke tok tok tok inhangünenügü.
Nkgainhalha egei linhügüingo atehe
nkgainhaiha tinhügüingo atehe.

Aiha janlista Miutu heke ijeginünkgo.
— Angolotsekaha egei tuepügü
ehekeni?
Inhalüma Olādu inhaha ihüsui.

Ele tinha uma arma, era um boma
que ele tinha.
Assim contava Kumatsi.

Orlando disse, então, para Nahü:
— Nahü, não explique direito para
o jornalista. Conte só para mim.
Orlando estava sempre alerta, ele
estava com medo.
Foi quando o capitão Iguka disse:
— Orlando, foi aqui que
aconteceu.
Ele veio por aqui e depois foi para
lá. Mataram ele, foi aqui que ele
morreu.
Ali está a sepultura dele, lá estão
seus ossos.

Orlando pulou de alegria, ficou
contente.
E logo desenterrou os ossos.
Os Kalapalo o estavam
enganando.
Os ossos eram grandes.
Orlando pegou o crânio.
Ele o pegou no colo e dançou
com ele, ti ta ti ta ta, dançou
com ele.
Ele pensava que ia ganhar muito
dinheiro e fama.

O jornalista perguntou:
— É verdade que vocês o
mataram?
O jornalista não tinha vergonha
de perguntar para Orlando.

*Ihakila hekugu geleha Olãdu
imüntonkgitsagü iheke.
Inhalüma kagaiha hüsui inhalü.
Üleha itsotakitagü Olãdu
kotakitagüha iheke.
Igeha ipügüpe kotakitagü Kalapalu
kotakitagü iheke.
Miutu heke jonalista heke
itsotakitagüko:
— Nahü, angolotse nikaha igei,
angolokaha igei?
— En angolotse higei angolotse higei.
Ago kitagü hegei.
Tüheketina hüle uhunalü uheke.
Kuhikugu tahüle ugei otohongo
itagü ugei.
Ago naleha tuenĩbüngü inhalü
ekugube.*

*Inhalü jonalista Miutu heke
iken'ıkümi.
Atütüi hüle egei jonalista akihatüingi
iheke apetagüha Olãdu heke.
— Uinha hekugu akatsange atütüi
ihanümingo eheke ila akatsange.
Titaginkgitilaha, aiha*

*Aiha ehuati leha inhünkgo sinünkgo
leha.
Tehupe hagulü kua hegei itsagüko
Isatahakagu kua. Haguha
kangakiha apiko tegatühügü o'o
akeha.*

*Titaginhaleni geleha sinügüko
Ĩtsagüna gehela enkgulüko.
Oti igita geleha etelüko.*

Ficou cara a cara com Orlando e
perguntou sério, duro mesmo.
Caraíba não tem vergonha, não.
Ele não estava acreditando no
Orlando.
Não estava acreditando que os
ossos que os Kalapalo mostraram
eram de Fawcett.
— Nahü, isto é verdade mesmo?
— É verdade! O pessoal está
dizendo que é, eu não sei bem,
eu sou Kuikuro, sou de outro
povo. Eles que sabem, não fomos
nós que o matamos.

O jornalista não acreditava em
nada.
E Orlando pressionava Nahü para
não contar para ele.
— Você tem que contar tudo só
para mim.
Ficou falando assim sem parar.

Então partiram. Embarcaram na
canoa e pegaram o caminho de
volta.
Eles estavam no lago do pedral
chamado Isatahakagu.
Esse era o laguinho onde meu
vovô fora pescar com a minha vó.

Seguiram conversando até
aportarem em Ĩtsagü.
De lá foram andando pelo campo.

*Topopeti Kalapalo aiha. Aiha Olãdu
kilü:*
*— Ahütü akatsange ãde hõhõ kola
tunügüla uheke einhani okogetsi
itsai.*
Nhinhotïdetai hõhõ.
— Ehẽ aingo hegei.

*Aiha kogetsi hũda mitote etükilü leha
ïde giti atai.*
Olãdu kilü leha:
— Osiba etinapitsegüe, nügü iheke.
*Etinapitselüko leha uuh tinapisi
tinapisi.*
*lepe tũdi iheke pokü pokü... Inhalü
tütütüi ekuletsüha kalapaluko.*
*Nahũ inhaha tunügü iheke tsekegü
tsetse hüle.*

*Aitsini aitsini inhontïdepügü tũdagü
iheke.*
*Sijigüi geleha hegei uatai sijigüi
geleha*
*Tüheketima uhunalü uheke
tüheketima uhunalü uheke.*
*Igehũdalüi hekugutsüngapa hüle
atai*
*Tengeholü hüle uheke aitsükü
ekuguha ihipügü uhiholü uãke
uheke.*
*Uhitsüe aitsükü ukiholü uãke
kalapaluko heke. Nahũ kitagü
leha uãke.*

*Ikagu telü leha tatute kagaiha itu
ẽgiki.*

Os Kalapalo levavam a mão à boca,
admirados.
Até que Orlando falou:
— Hoje eu não vou dar miçangas
para vocês, mas amanhã sim. Eu
ainda vou passar o fio nelas.
— Tá certo, tudo bem.

Logo na manhã seguinte ficaram
prontas.
— Vamos, fiquem em fila! — disse
Orlando.
Eles ficaram em fila.
Ele entregou, pok pok.
Os Kalapalo ficaram excitados.
Mas para Nahũ ele deu só um
pouco de miçanga grande.

Ele dava uma volta de colar de
miçangas para cada um.
— Eu ainda era bobo, não tinha
noção das coisas. Como eu iria
saber naquele tempo, eu não
sabia de nada! — meu avô me
diria anos depois.
— Se soubesse, iria botar medo
nele, iria pedir um pagamento
maior. Falaria para os Kalapalo
pedirem mais.

A notícia se espalhou por todo
o país.

Lepei teti aitsingo ahijãu á inhütelüha.
Engü hegei etinenünkgoha.

Depois um avião pousou.
Isso era apenas o começo.

— *Osiha egete, Nahũ ingenügü.*
Ahijão ata etuākēitokomi.
Etībelüko leha kaküngi ahehitsagü
  kaküngi.
Kalapalu ahehitsagü gehaleha.
Aiha tita leha itsagüko.

— Venha aqui! — chamaram
  Nahũ.
Deram a volta no avião.
Eram muitos. Tiravam muitas
  fotos de Nahũ e também dos
  Kalapalo.
Pronto. Pousaram por lá.

Aiha okogetsi hũda leha aiha
  itaginhũdako leha egei aiha.
Postu anetügüiha Petro Kahĩdzu
  anetügüi.
Olādu kilü Nahũ heke:

No outro dia, eles ficaram
  conversando.
O Pedro, chefe de Kahĩdzu,
  também estava lá.
Orlando disse para Nahũ:

— *Nahũ, aminga akatsange utelüingo*
  leha
aminga.
Kalapalu igelüingo akatsange uheke
  uake.
Iguka, Jauakikumã, Igó igia
  ütelükoingo.
— *Ahütü akatsange eigelüingola hõhõ*
  uheke
okangi okangi. Ami eitinhi etsai.
— *Aingo hegei aingo hegei.*
Aí ülepei leha ütelüko aiha.
Ütelü hõhõ egei tita ngapaha tihati
jona ata iheke tatute leha ikagu.

— Nahũ, depois de amanhã vou
  embora.
Vou levar os chefes Kalapalo
  comigo,
Iguka, Jauaikumã e Igó.
Eu não vou te levar agora. Espere
  um pouco, espere. Da próxima
  vez, alguém virá te buscar.
— Tudo bem, sem problemas.
Depois eles foram embora.
De lá, Orlando divulgou a notícia
  sobre Fawcett no jornal, todos
  ficaram sabendo.

Etena leha Kunugija Hütuna leha
  Nahũ telü.
Etena leha hõhõ etelüko tumũduki.
Inhalü uāke itita Kahĩdzuteha
  kuminhangoi tügipehi.

Nahũ foi para a aldeia Kalapalo
  de Kunugija Hütü para buscar
  polpa de pequi.
Lá em Kahĩdzu não tinha comida
  suficiente.

*Itita lehüle atai. Aitsi leha Nahũ
  mugu opogipügü atai leha.*

*Ülepe alehüle egei kogetsi hũda leha
  uagi ohinhati inhügükohata.
Itita behõhõ tügekutsinhü ilijü
  ihekeni kogo kogo...
Nahũ heke hõhõ hugoi indike
  ihetagü.
Engihõ leha ahijão üntelü leha.
Ülehata tu, tu, tu, tu... Kakühongo
  enhügü:
— Ãtibe takühongo anti — Kalapalu
  kilü.
Tübena a Igó bale egei*

*— Ũna eteta ũna?
— Kupinhanoko Nahũ itigi.
Angi kagaiha itiginho ila ütetomi
  Xavantinana.
— Nahũ, eitinhi akatsange ãde ẽ
  uama einhügü?
— Olãdunaha uingetatinhi utelü
  belaleha.
Osiha onotüeha ige ukilü utetaiha.
Utakẽiale ekugu leha utelü.
Kanga engetela geleha utelü.*

*Tühitsü ngondilü leha iheke.
Juka hekisei uhijão hoguteni.
— Nahũ! Ãde taka uge eitigi, nügü
  iheke.
Olãdu heke takanga uhumipügü.
Inhalü akago epinkgitagü akatsege
  portugués talü heke.
Ogo hekeha inhalü kagaiha
  akisü talüi.*

Naquele tempo, Nahũ só tinha
  um filho.

Depois, já no dia seguinte,
  tomaram mingau de pequi
  debaixo de um pé de jatobá.
Nahũ saiu então para pescar
  trairinha.
Foi aí que o avião pousou.
O pessoal veio correndo.
Os Kalapalo logo avisaram:
— Estão vindo pessoas correndo!
— Quem é esse? Ah, sim! É Igó
  que vem correndo!

— Para onde você vai?
— Vim chamar nosso irmão mais
  velho, Nahũ.
Tem um caraíba lá que veio
  buscá-lo para levá-lo a Xavantina.
— Nahũ, vieram te buscar, o que
  você acha?
— Nem, como é o Orlando que
  está me chamando, eu vou sim.
Fiquem matando peixe por aqui
  enquanto eu retorno para lá. Vou
  sem comer peixe mesmo.

Deixou sua esposa na aldeia.
O Juca era o piloto do avião.
— Nahũ, eu vim te buscar.
Foi Orlando quem me mandou.
Os chefes que o acompanharam
  não estão conseguindo entender
  português.
Orlando disse que sua esposa não
  deve vir agora. Só da próxima vez.

— *Ahütü akatsange tühitsü ake hõhõ sinumingola.*
Ami nihüle tühitsü ake sitamini hüle.
Tagü akatsege iheke uheke.
Inhalü tatakẽiale kuleha tühitsü tumugu ngõdilü iheke.
— *Aingo hegei, osiha kige, nügü leha iheke Júka heke.*
Pokü pokü aiha.
— *Ã utelü akahotsige egetüe atsange leha.*

Ah etĩbelüko leha kohotsi leha Kalapaluko kilü iheke.
— *Ũtsi ẽ ãdejaha engü.*
Tisetsinkgita kige kutãupüãoko akisü uhutohõdelü heke.
— *Alabe, alabe, nügü iheke.*
Haingoko bama aiha.

Olãdu inhalü tsüitsüi tsüitsüi.
Nahũ itagĩbakitagü iheke aiha.
— *Nahũ jonalista heke elegĩdote.*
Olãdu apa ijegĩdüke ekilüingoha.
Ahütüha atütüi ihanümingola eheke ahütü.
Aiha jatsitsü.
Inhalü Olãdu ingukinümi.
— *Uaminkgusüko ake hüle ehülu.*
Hekini tsahüle ngiketapa uaminkgusüi hüle anügü. Inhalü ekugu.

Ahegitilüko leha aiha.
— *Nahũ, ahijãu akatsange ãti ahijãu, nügü iheke.*

Foi isso o que Juca disse.
Nahũ deixou a esposa e o filho mesmo sentindo saudades.
— Tudo bem, vamos partir — ele respondeu para o piloto.
Entraram e se sentaram.
— Eu vou indo, vocês podem voltar — disse para a esposa.

À tarde eles chegaram. Os Kalapalo o esperavam:
— Meu sobrinho! Ainda estamos aqui.
Não estamos conseguindo entender a língua dos nossos avós.
— É claro, né? — ele respondeu.
Ele ainda era jovem.

Orlando estava muito feliz com a chegada de Nahũ.
— Nahũ, se o jornalista te perguntar alguma coisa, você pede que ele pergunte para mim.
Você não vai contar direito para ele.
Coitado,
Orlando estava sempre de olho.
— Você só vai andar com os meus amigos.
Veja, eles são meus amigos, eles são bons — falava animadamente Orlando.

Amanheceu.
— Nahũ, o avião está vindo — disseram para ele.

Igia unkgu ingitü ahijãu üntelü.
Igia unkgu ingitü ahijãu üntelü
igia unkgu ingitü ahijãu üntengalü.
Buuh huhuhun kagaiha etuhutelü
ingilü inhaha.
Ingilü inhaha igehũde leha
ihakipügü itsagü.

Tahoha ikeha taho ihügipügüi
tongĩdinhüpe.
Üle hegei isikutsepügüha número
ititü ingita ihekeni.
Epinkgitako ekuguha ingilü heke.
Mugiká tahogupe ihügipügüi belaha
tüinhüpe.
Igehungu hegei itsapohõdui.

Ami tingi ige hunguki patri heke.
Padre Kubokini heke.
Ahehitsü tingi iheke kagaiha kuẽgu
akiti ekugube elipoilü.
Inhalü ekugu búúúú...
— Üle lemakina igei.
Üle lemakina igei, nügü ihekeni.
Tüngingitohoki beha ige hunguki
ingilü iheke.
Tikagukisi iheke a inhalü.

Okogetsi gehale ahijãu üntelü.
Amĩnga lilaku leha hüle
isünkgüpügüko atai
akinha telü ngapoha.
Ihitsũbügü kaenga Amerikana beha.
— Nahũ, Olãdu kilü.
Ihitsũbügü etsagü akatsege leha.
Imugupeha enhümingoha tüti ake.

Os aviões desciam um atrás do outro.
Descia um, logo descia outro, direto.
Muitos!
Os caraíbas vinham todos juntos para
ver os ossos, que estavam expostos.

Uma faca tinha sido enterrada com
o corpo.
Estavam vendo a pintura e o
número da faca, mas não estavam
conseguindo identificá-la.
A faca era do chefe Mugiká e tinha sido
enterrada com ele.
Era grande assim.

Quem a examinava era um padre,
o padre Colbacchini.[5]
Examinou mais de uma vez.
Viu o que estava escrito e, enfim,
identificou como sendo língua
estrangeira.
Animou-se.
— É esta mesmo de fato — disse para
os outros caraíbas.
Ele tinha visto com a sua lupa.
E ele deu a notícia.

No dia seguinte, mais um avião
pousou.
E no outro dia, depois de três noites,
a notícia se espalhou.
Chegou aos ouvidos da ex-esposa de
Fawcett, uma americana.
Orlando lhe disse:
— Nahũ, a ex-esposa dele está vindo.
O filho está vindo com a mãe.

Lepei leha sinügüko leha.
— Igiaha ekilüingo igiaha ekilüingo.
Ah taha egei iheke Olãdu kitagü.

Ese heke Olãdu leginügü, ese heke
    ijeginügü.
Ilainha leha akinügü.
— Olãdu! Üle leniküle igei?
— Ko elengapaha.
Ilainha leha egei tá iheke.
— Ẽẽ üle higei ẽẽ üle higei.
— Angolo nikaha igei, Olãdu üle
    leniküle igei üle?
— Ko ẽẽ lengapaha, tagü iheke.

Igia igüinhalü ihekeni tsarakü
    tsarakü ahehinhalü ihekeni
Ihitüpe tüingalü igia.
Telo heke tingoneti kagaiha heke
    ipügüpe tüi iheke tühitü kaenga.
Igehuũdeha hüati.
— Ese contrário hüati kilü.
Igia tsale anügü, titi iheke.

Lepe leha ĩde giti atai.
— Ẽẽ tegiküi akatsange hiu
    tongopengine leha ihitsümbügü
Ĩde atai etĩbelü.

— Nahũ, kãpuna atsange ketenge.
Ĩde gele akatsange einhügü inaha
    isitai.
— Ehẽ nügü, leha iheke.

Então, eles vieram.
— Você dirá isso, isso e aquilo —
    explicava Orlando.

Os jornalistas cansavam Orlando.
    Um perguntava, o outro perguntava...
— Orlando, é isto aqui mesmo?
— Não sei, talvez! Aproxime-se.
— Sim, é isto sim, é isso.
— É verdade mesmo, Orlando, é isto
    mesmo?
— Não sei, talvez seja isto — ele
    respondia.

Observavam o esqueleto,
    clic clic clic,
    tiravam fotos.
Mediam o osso da coxa.
Um deles pegou o osso e comparou
    com sua própria coxa.
Havia um médico a seu lado.[6]
— Coloque ao contrário — ele ensinou.
É assim que se faz.

Mais tarde, quando o sol estava nesta
    altura:
— A viúva de Fawcett já saiu do Rio
    de Janeiro.
Mais ou menos nessa hora, ela
    chegou.

— Nahũ, não vá para a pista de
    pouso!
Fique aqui e deixe-a vir até nós —
    disse Orlando.
— Está bem — respondeu.

Inhütelü leha, itinhi telü leha.
Titage leha sinügü úúhh.
— Üngeleha esei ihitsübügüha esei.

Pousou. Foram buscá-la.
Ela veio direto até eles.
— Veja, essa é a ex-esposa dele.

Ipügüpe igelü leha igakahonga.
Inhalü ekugube.
Ĩkenipa kagaiha enhügü.
— Üle higei, nügü iheke.

Levaram os ossos e colocaram
  diante dela.
Ela se emocionou.
Muitos caraíbas se ajuntaram.
— É ele!

Olãdu heke isitügüpe ingonenügü
A ihitsĩbügü inilü leha egei inilũda
  leha.
Aũgu hüngütsüha aũgu hüngü.
Ngikomũde ngapa leha
  nhingitohokoha ngikomũde.
Aiha inhalü ekugu.

Orlando pegou o crânio.
Ela chorou, a viúva ficou chorando.
Ela tinha razão de chorar.
Eles não tinham microscópio para
  descobrir a verdade.
Ela estava muito emocionada.

Tita ekubengapa leha ipügüpe
  ikagu telü tatute Brasil itakuĩjü.
Enenenongo itakuĩjü gehale iheke
  kiküa.
Ilatsi eteholü enenongo mütonga.

A notícia da ossada se espalhou
  pelo Brasil todo.
Chegou a outros países.
Nahũ quase viajou para outros
  países.

Kagaiha inhaha Faosetipe apilü
  leha ngikogo heke.
Utanügü leha igehujati.
Ngikogo inha hüle inhalü Faoseti
  apilüi.
Inhalüha utanümi gehale.

Na visão dos caraíbas, Fawcett foi
  morto por índios.[7]
Perdeu-se no mato.
Na visão dos indígenas, Fawcett
  não foi morto por índio.
  Tampouco se perdeu.

Ngikogo tüonitinhü heke leha
  ingilü.
Faosetipe unhenügü geleha itseke
  heke.
Itseke üngü ugupo leha etelüko hata.
Ekege hugutinhügü heke leha
  unhenügü.

Os índios que sonham viram.
Foram os bichos-espírito
  que sumiram com Fawcett,
  quando ele passava ao lado da
  casa deles.
Foi a onça-preta que o fez
  desaparecer.

Aĩde geleha tingugi inhalü apüngui.
Itsekei leha hüle etĩkipügü.

Ele ainda está vivo, ele não morreu.
Só que virou bicho-espírito.

Ülepei leha.
Mugiká muguiha Tajui.
Tajui akitila leha isũü ipügüpe
  hakipügü inhügü.
Üle hinhe leha Kalapalu
  hujalüpeinhe leha etimokilü
  Alahatuá hujati.
Alahatuá hujati leha inhügü.
Ege hungupe egei.

Tem também o seguinte.
O filho de Mugiká se chamava Tajui.
Tajui não gostou nada nada que
  desenterrassem os ossos do pai.
Por causa disso, ele deixou a aldeia
  dos Kalapalo e foi morar com os
  Kuikuro em Alahatuá. Ele ficou lá
  em Alahatuá.
Foi assim.[8]

Kagaiha engikogu honi

*Aitsüküha uãke api ingetagü, ekise
heke ekise heke lá.
Tüituteha atai egei egeaha
ikagũdagü inha.
— Inhalü ekuatsange Aíres.
Ĩkenipa kagaiha telü.
Etengalüko leha tüitukona tita leha
inhalü anetüi hõhõ.*

*Aíres ekisei kagaiha itaõ
ikatalongope Odilão ake.
Kalapalo itãugu ikatale etetako.
Hotuguiha nhikatühügü Ahualu:
— Ahualu egena atsange eteke
uinha.
— Osi, etekeha uigakaho.
Aiha Aíres telü leha igakahonga
igehujati.
Tita leha uẽtagü iheke.
Atangeha ahualu telü inha.
Etĩbelü leha iseponga.
Aíres etingünkgilü leha tatute.
Ihügitsogu heke leha Ahualu
engelü.
Ihügi imutü heke leha
inhakahanenügü.
Ogopijü leha.
— Ahualu ina egete.
Inhalü leha osi nügüi iheke.
Ihügi heke leha tengelü.*

*Aminga Kete ikanügü iheke.
— Kete egena atsange eteke uinha,
nügü iheke.
— Osi etekeha uigakaho.*

O fascínio da mercadoria

Os caraíbas sempre chamavam o
meu avô.
Ele estava em sua aldeia quando
recebeu a notícia.
— Ayres está estranho.[9]
Quando Orlando saía para a cidade,
Ayres ficava como chefe substituto.

Ayres e Odilon sempre pediam para
namorar com mulheres Kalapalo.
Os dois pediram para várias mulheres.
Primeiro Ayres pediu a Ahualu.
— Ahualu, depois me encontra lá no
mato.
— Está bem, vai na minha frente.
Então Ayres foi na frente dela para o
mato.
E a esperou por lá.
E lá foi Ahualu ao seu encontro.
Ela chegou perto dele.
Ayres tirou a roupa e ficou pelado.
Ahualu ficou com medo do pau
grande dele.
Ficou com nojo da cabeça do pau
pra fora.
Deu meia-volta e foi embora.
— Ahualu, venha cá.
Ela não queria mais, não disse mais
"sim".
Ficou com medo do pau dele.

De uma outra vez, ele pediu para Keté.
— Keté, me encontra lá adiante —
ele disse.
— Está bem, vai na minha frente.

Ülepei leha Aíres telü üetigi.
Inhalü leha Kete telüi inha.
Engihõ leha ogopijü inguhokinügü
leha.
— Keté tütomi etenui uinha tá leha
iheke?
Itsotũdagü leha.

Upüiguiha Jakuí inha etelü.
Ihisũügüpeha akagoi Aju, Jáka.
Üle huja hüle üngele dééh la ekugube,
isigü hegei tehehei.
Kagaiha heke bele tüakiti ingilü.
Kalapaluko heke leha ihatagü
api inha.

Enenongo apua uãke isitigü
üngeleha Jakuí itigü.
Isinalüha inha tiki enalü.
Etĩbukinenügükilü leha teloko ake
ülepe agakehenügükilü leha.
Inhalüha uãke Jakuí ukugetui
inhalüha uãke sakiti isutotogui.
Ülepei leha inhügükilü
isisaküpoponga:
— Jakuí, Jakuí! Itanügükilü iheke.
Jakuí elükugilükilü leha inha,
gitaminei leha itsikãijükilü.
Inhalüha jaheji itüjüi uãke iheke

Mahã Kuhikugu hekeha ihatagü api
inha.
Titaha atai Kalapalo huja
ingitagüha iheke.

Aí Ayres foi na frente e esperou.
Mas Keté não foi ao encontro.
Passado um tempo, depois de esperar
inutilmente, ele voltou pra aldeia.
— Keté, por que você não quer me
encontrar?
Ayres ficou bravo.

A última vez foi com Jakuí.
Suas irmãs eram Aju e Jaka.
Dentre elas, ela era a mais bonita,
com dentes lindos.
O caraíba se apaixonou por ela.
Foram os Kalapalo que contaram
para meu avô.

A rede da Jakuí ficava no outro lado
da casa.
Ayres vinha se achegando para perto
dela.
Dizem que conversava com outras
pessoas e devagar ia chegando no
canto da casa.
Jakuí quase não conversava com
ninguém, e não gostava dos
homens da sua aldeia. Então,
contam que ele se deitava com ela.
— Jakuí, Jakuí! — ele a chamava.
Ela virava de costas e ele se
levantava de qualquer jeito.
Ela não o aceitou logo logo.

Isso foi Mahã Kuikuro que contou
para o meu avô.
Ele estava morando com os Kalapalo
e viu tudo.

Ikenipa ngapaha Jakuí telü etena.
Ete agiponga leha inhügükohata
singi hegei Aíres telü.
Tita hegei amã kapo ihetagü iheke
ikutomi ũbege iheke inhalübe.
Inhalü hõhõ ehẽ nümi iheke.

Kohotsi leha giti atai etetagüha etena
Kunugija Hütüna.
Kogetsi hũda Aíres telü leha isingi.
— Âtibe ukuge etsagü.
Tülaka esei tetsatinhüi?
Ülepe hakila leha sinügü.
Aires ẽbalüle tütegatinhüi Jakuí
inha itsangagübe ihũbo.
— Aires emaki esei tetsatinhüi.

Aibeha ihanügü leha itaõ inha.
Ülepei geleha hegei Jakuípe ihilü
leha igehujati.
Tita leha Aíres itsagü etete.
Uhisale leha etetagü üngahi übege
inhalü ihogijüi iheke.
Inhalü ihogijüi iheke igehujati leha
etepügüi atai.
Tilakoha Jakuí ünkgülü igehuja.
Aíres inhügütila übege egei tünho
itsagü.
Akütilü muke leha inhutagü kae.

Ami gehale.
Ũduhei hüle egei Kalapaluko
angũdagü.
Üle ingãupüiha Jakuí angũdagü.
Üle hata leha Aires telü Jakuí itigi.
Ũduhe ingãupügüiha inhangu hata.

Certa vez Jakuí estava indo com o
pessoal para a aldeia. Quando já
estava chegando,
Ayres foi atrás dela.
No meio do caminho, ficou
agarrando ela para transar. Em vão.
Ela ainda não dizia "sim".

No final da tarde, ele foi para a
aldeia Kunugijahütü.
No dia seguinte, Ayres foi atrás dela.
— Lá adiante vem uma pessoa, quem
será que está vindo?
Quando a pessoa chegou perto:
— Ah, é o Ayres quem tá vindo aí.
Era mesmo Ayres que vinha atrás da
Jakuí, carregando peixe no ombro.

Então contaram para Jakuí.
Por isso, Jakuí fugiu para o mato.
Ayres ficou na aldeia.
Ele ficou procurando de casa em
casa e não a encontrou.
Ele não encontrou, ela já estava
no mato.
Três dias Jakuí dormiu no mato.
Ela não queria que Ayres fosse seu
marido.
Ela ficou até com verme no braço.

Certa vez, os Kalapalo estavam
dançando a festa Ũduhe.[10]
Jakuí acompanhava um dançarino,
apoiada em seu braço.
Ayres foi tirá-la dali quando ela
estava dançando.

Isahitsilü leha iheke tuãkagati
 isikusüpe konkgitomi leha iheke.
Inhalüha egea isakiti tüilü iheke.

Tuãkua hegei ihetagü iheke
 isõdogupe konkgitomi iheke.
Engihõ leha etunügü inha.
Itsonkgilü jogu leha iheke.
Lepene leha Aíres heke leha
 ingündelü.

Ãdeha teloko kitagü gehale:
— Ehẽ kitse tsapa iheke, ehẽ
 ekilütsüha iheke.
— Kola ihipütegai iheke einha,
 kagaihanaha esei.
Üle leha uãke egei isipehini.
Inhalü hõhõ ehẽ nümi iheke.
Ãihũpe leha uãke egei ehẽ nügü
 iheke.
Inhakongonügütse ingugi leha.

Tagíma ïbata ekugu ale hüle
 ingatibeha inhügü leha.
Enenongo apua isitigü itsagü.

Hãpuga leha atai ala igelükilü leha
 iheke inha:
— Jakuí ãde etinhãbake.
Inhalüma ehẽ nügüi iheke.
Ngikonango ngapa tankgoi:
— Lualeha itse, kutãupügü
 kataitügü ankginge.
Ületse ingugiha inügü iheke.

Ele a arrastou até o rio para lavar
 sua pintura.
Ela não gostou do que ele fez.

Ele a agarrou com força para lavar
 sua pintura de urucum.
Demorou um pouco, mas ele
 conseguiu o que queria.
Depois Ayres a vestiu.

Algumas pessoas falavam:
— Aceite ele mesmo, pode dizer
"sim".
— Ele vai comprar miçanga para
 você, ele é caraíba.
E assim ela foi aceitando.
Ela não disse logo "sim",
mas acabou por aceitá-lo.

Tagima viu quando Ayres veio se
 deitar com Jakuí, no outro lado
 da casa.

Ao meio-dia, ele sempre levava
 comida para ela.

— Jakuí, coma isto.
Ela nunca dizia "sim".
Alguém então disse:
— Por favor, não negue, aceite
 o nosso avô, senão ele vai ficar
 magoado.
E isso deu resultado.

Üle heke leha isekuitügijü
isisaküpoponga leha inhügü.
Ĩdeha giti atai.
Isisaküpopo leha itsagü.
Mugahili begeleha itaginhinalü
ũbege iheke inhalü.
Ami leha ingilü isaenga leha
inhũbata.
— Aibeha, Tagíma kilü leha.
Aibeha koko leha inga itsagü ikulü
ngapaha iheke leha.
Aibeha etunügü leha inha.

Üle ikagũda lalehüle egei.
Kumatsi kilüha api heke:
— Anhü atütüila akatsange igei
anhãdzuko tüita kutãupüãoko heke,
nügüha iheke.
— Ehẽniküle? Telo akatsange agoi.
Kagaiha akatsange agoi ahütüha
kukugekugi hüngüla.

Ikanügü ngapaha iheke leha anetaõ
inha.
Sagagi inhaha, Kumatsi inha, Iguka
inha, Aküjülü inhaha, Jauaikumã
inha.

— Uhitsüi akatsange ese itsagü.
Ehã aingo tsahegei, nügü leha
ihekeni.

Aiha Nahũ hekeha Aires leginügü:
— Uama eitsa igei, angolo kaha igei
ajotũdagü tisitãugu ake?
— Ẽẽ akatsange utsatomiapa einha.

Ele se alegrou e deitou-se na rede
com ela.
O sol estava a pino.
Ele ficou na rede dela, mas ela não
quis conversa.
Ele tentou de novo e nada.
De uma outra vez, viram que ele já
estava mesmo na rede dela.
— Agora foi! — exclamou Tagíma.
Ayres ficou a noite toda na rede de
Jakuí, talvez tenha transado com
ela. Ela o aceitou.

Então a notícia se espalhou.
Kumatsi disse para meu avô:
— Sobrinho, sua irmã não está
legal, ela está tendo relações com
o nosso avô caraíba — ele disse.
— É mesmo? Eles são outros, são
caraíbas, não são da nossa gente!
— respondeu Nahũ.

Ayres disse para os chefes, para
Sagati, para Kumatsi, para Iguka,
para Aküjülü, para Jauaikumã.

— Ela vai ser minha esposa.
— Está bem — eles disseram.

Aí Nahũ perguntou a Ayres:
— O que está acontecendo com
você?
É verdade que você está
namorando com uma de nossas
mulheres?

Aitaha anetaõ heke leha
uahumitsipügü.
Aibeha itsühünkginenügü leha iheke.
— Inhalü akatsange, inhalü
akatsange, nügü iheke. Atütüila
ngapaha eipolü leha.
Teloitiha leha tisigükugiholü leha
eheke.
— Ẽkuatsange, anetaõ naleha,
nügübeha iheke leha.

Ülepene leha sinügü leha tüitunaha
Alahatuána.
Ami leha itsalü iheke igepügü atai
leha iheke.
Igelü leha iheke kagaihana tũdokomi
leha ike.
Nhigepügükoha tikeni Kumatsi,
Mahünhü, Jahila.
Uã ngapaha isaküngindu igelüko
iheke Hiuna.
Aĩde geleha riute igreja
tũdühügükope.

Aiha, etelüko bahegei leha tũdokomi
tigati.
Ülepe tikagi Jonal.
Klubu heke leha ahehitsako.
Brasil itu ahi tagi bahüle iheke.

Ülepe ami Nahũ atai coordenaçãote
itsuẽgüko telü, tilako etelüko.
Itaginhũdako üle kae ẽbalüle.
Inhalüha uhunümi iheke.
— Kitsegeapa hõhõ ekise heke,
anginaha chefe.

— É verdade sim. Eu já até
falei com os chefes e eles me
autorizaram.
Ayres tentava calar Nahũ.
— Isso não pode acontecer, não
pode — Nahũ insistia. — Não
vai dar certo, nós vamos virar
outros.
— Pois é, mas os chefes é que
sabem — Ayres respondia.

Nahũ voltou para a aldeia
Alahatuá.
Alguns dias depois ouviu dizer
que Ayres já tinha levado Jakuí
para a cidade, para realizar o
casamento.
Ele tinha levado também
Kumatsi, Mahüm e Jahila.
Não sei quantas pessoas ele
levou para o Rio de Janeiro.
(Lá ainda existe a igreja onde eles
se casaram.)

Então, eles foram lá para se casar.
E a notícia se espalhou.
A Rede Globo filmou o
casamento.[11]
Passou no Brasil todo.

Tempos depois, Nahũ visitou a
coordenação da Casa do Índio
no Rio de Janeiro.
Estavam lá três gringos. Eles
falavam sobre o casamento, mas
Nahũ não estava entendendo.

— Osiha kitse iheke!
— Angikaha uajotũbolü ngikogo
itãugu ake?
Uakiti ekuatsange eitãuguko.
— Inhalü akatsange, tisügühütupe
imokilü kenhi eheke, telo tale
tisügühütui.
Darcy Ribeiro akiti leha aitsükü
itsagü
— Uakiti ekuatsange egea ekitagü.
Engü balekenhi ẽibükilüko ihekeni,
Darcy
Ribeiro kilü.
Augũdako hüngü balüle.

Ihegenügü gele, ami gehale, ami
gehale, tilakoha sinügüha ikatigi.
Inhalüha egehunguti leha inhünkgoi
leha Olãduko ake. Üle hungu ateale
übege uãke itsatsũdagüha ene.

Ami leha itsalü ihekeni ahütübele
Jakuípe leha.
Itsehũabalü leha iheke imagu leha
tuelü leha iheke.
Üngelepe leha uãke ekisei
Jakuízinhai leha ĩdisüpe.
Üdengapa leha üngelepe,
ahütübetsüngapaha leha.

Kagaihate gele Aíres atai egei
apüngũdagü.
Inhalüha sinügüi apüngühügü
ingilüinha.
Ülepe ami tühogisi Nahũ heke Aíres
Xavatinate ingilü iheke:

— Então fala com o chefe aí, veja se
posso pedir para ele.
— Vai, diga pra ele.
— Será que eu posso namorar com
as índias?
Eu gosto muito das suas mulheres.
— Não pode não — respondeu
Nahũ —, senão você vai mudar
nossa cultura, nossa cultura é
diferente.
Darcy Ribeiro gostava muito disso.[12]
— Eu gosto do que você está
falando, senão vão acabar com
vocês — dizia Darcy Ribeiro.
Eles tinham razão.

Os gringos ainda insistiram,
pediram três vezes.
Nahũ não deixou mais isso
acontecer, ele e Orlando. Eles
tiveram que batalhar muito para
que isso não se repetisse.

Muito tempo depois ouviram dizer
que Jakuí falecera.
Ayres a engravidou, mas ela
morreu no parto.
O bebê se chamava Jakuízinha, era
filha dela.
Não sei onde ela mora agora,
talvez já tenha morrido.

Jakuí faleceu quando Ayres estava
na cidade.
Ele não veio vê-la morta.
Quando Nahũ o reencontrou em
Nova Xavantina, Ayres disse:

— *Nahũ! Ahütü akatsange leha uhitsüpela leha.*

— *Ingikeha, ingikeha, telo akatsange tisügühütui ukita tinaha ũbege uãke eheke.*

Inhalü ekuguha itüjüi iheke atakanügü leha tiniluki.

— *Perdei leha akatsange uhitsüpe, ngamuke ihatilü hata leha apüngu.*

Imütongo heke leha tuelü nügü tataleha uãke iheke.

Lepene leha tamitsi leha atai Airys ogopijü xinguna, Kahindzu atüponga leha nügü leha iheke Jakuí hutoho tüitomi.

— Nahũ! Minha esposa já era.

— Viu? Eu não te disse que nosso costume é outro?

Ele não conseguiu responder e apenas chorou.

— Eu perdi minha esposa, ela morreu quando o bebê estava nascendo.

Dizem que foi enfeitiçada pelo seu inimigo.

Algum tempo depois, Ayres voltou para o Xingu e mandou fazer uma estátua de Jakuí no porto de Kahĩdzu.

1954

Ügühe kuēgü

Ēē, Kalapalo itagü atsange uāke
  sarampo ingitinhi.
Agusahi uāke ingitinhi.
Agusahi telü hüle egei ībutategomi
  Xavatinana.

Xavatinate uāke hotuguiha
  kībutategoho itsagü.
Hiute gehaleha uāke itsagü.
Olāduko hekeha tüipügü itsagü.
Ogōdōu ataingo geleha egei.

Tita ngapaha leha sarampo heke
  Agusahi ihenügü.
Ülepe inginügü leha iheke tükae.
Ahijão ata geleha egei kutelü hatalüpe
  kagaihana.
Ülepei leha ahijão ata leha Agusahi
  üntelü.

Tilako leha isünkgüpügü ataiha aiha
  isügünu opogijü leha.
Aibehu egikanügü lcha tatute leha
  itsaeni.
Kalapalo ihenügü leha sarampo heke.
Tsuēi leha apünguko.

Ülepei hüle egei Tagáhi kũegu
  Kalapalo ihilü leha Alahatuána.
Ihitsüha, īdisüha takiko.

Epidemia

Foram os Kalapalo que trouxeram o
  sarampo.
Foi Agusahi quem trouxe.
Agusahi foi fazer tratamento de
  saúde em Xavantina.

A primeira Casa do Índio ficava em
  Xavantina.
Tinha também uma no Rio.
Foi Orlando e seus irmãos que
  a fizeram, ainda no tempo
  do Rondon.

Deve ter sido lá que o sarampo
  pegou Agusahi.
E de lá, ela o trouxe em seu corpo.
Naquele tempo, a gente só saía pra
  cidade de avião.
Por isso, Agusahi chegou de avião.

Três dias depois a sua doença
  apareceu.
Aí começou a se espalhar entre eles.
O sarampo logo pegou os Kalapalo.
Morreram muitos.

Foi então que um Kalapalo
  chamado Tagahi Kũegu fugiu com
  sua esposa e suas duas filhas para a
  aldeia Kuikuro de Alahatuá.

*Etĩbelükoha hihitsingohona Ajua
hütüna.
Inhalü etelükoi etena Alahatuána.
Metseko hihitsingohonaha hegei
etĩbelüko.*

*Titaha Metsé, Amutu, Taliku láko.
Metseko kae leha itsagüko itita.
Tita ngapaha leha sügünuko leha
tühitsü ake.
Aiha Metsé heke leha ijeginünkgo:
— Ungua nile igei eitsagüko?
— Ojoha, kugitseki atsange igei
uãdühügü kupisüüdão heke.
— Uãkunĩbüle, ahütü kugiheale igei.
Kupinako hõhõ Nahũ itake etena,
Metsé kilü.
Tsũei leha egei isügünu hata.*

*Atangeha Nahũ itinhi telü leha etena
Alahatuána.
Ndiki, etĩbelü etena:
— Atütüila atsange kukugeko.
Angi akatsange kugihe etĩbepügü
leha egena titsaenga.
Tagáhi Kũeguko Kalapalo heke
ĩbepügü titsaenga.
Ihükope atühügü leha ĩke tsapa okõ
bihetühügü.*

*— Hũũ, Kupinako Nahũ inha hõhõ
ihatake.
— Nahũ angi atsange egete
Kalapaluko tüitankginhüko titsae.
Ángi lehüle isügünüdaguko tsũei.
Üle ingitomi hüle egei eheke Metsé
heke uhumipü eitigi.*

Eles chegaram no sítio em O Lugar
dos Morcegos.
Eles não foram até a aldeia de
Alahatuá.
Eles primeiro chegaram no sítio de
Metsé e seus irmãos.

Ali estavam Metsé, Amutu e Taliku.
Os Kalapalo se hospedaram por lá.
Lá mesmo eles adoeceram.
Aí então Metsé perguntou:
— O que está acontecendo com vocês?
— Cuidado! Os nossos irmãos nos
passaram coceira na pele.
— Que nada! Isso é mesmo feitiço.
Vá buscar nosso irmão mais velho
Nahũ na aldeia — disse Metsé, já
começando a adoecer.

Lá se foi uma pessoa buscar Nahũ
em Alahatuá. Chegou.
— Nós não estamos passando bem.
Chegou uma doença lá em nosso
sítio.
Foram Tagahi Kũegu e sua família
que a trouxeram para nós. Eles estão
com o corpo todo como se tivessem
levado picada de marimbondo.

— Disseram-me para vir contar para
nosso irmão mais velho.
— Nahũ, o casal kalapalo que ficou lá
conosco está muito doente. Por isso,
Metsé me mandou te buscar para
você ir ver o que está acontecendo.
Parece que estão com coceiras.
Venha logo ver.

Ingiketsapa kugitseki tāūdinhükopea.
Ingikege hõhõ.
— Takunĩbüle, ahütüniküle sarampo
  hüngüla?
Aileha uāke ingilü uheke Makaigite.
Kaküngiha kugepe apüngu.
Ukapüngukoha igei.

Ülepe tingeni iheke tühãü Makalá
  tike:
— Ekise kete uake kunhitomi kugihe.
Ande ilá kupisũüdão itute.
— Tanĩbüle, umã ekubetsü.

Atangekoha etelüko leha Ajua Hütüna.
Ülepe etībelüko leha tigati:
— Nahũ, jahe egete!!
Osi hõhõ kupisũügü ügünũdagü ãde.
— Uama hülei itsagü?
— Koo, kunhitaha üngele.
— Heẽ, heẽ, heẽ!
Isitungu heke leha tuetako tühitsü ake.
Ĩdisüha igia agiketi gele, ĩdisü
  otohongoha.
Ülepei leha Nahũ enügü.

Haki gele inhügü ihekeni.
Inene leha inhügü hite lõdatelüi.
— Uāki eitsako?
— Ingikeha kupisũüdão heke
  tisãudühügü kugitseki.
— Ahütü, kugihe igei.
Tüma hüle egena ĩbeni eitukona?
— Ẽẽ, Agusahi atsange ĩbeni.
— Kugihe igei akae, sarampo igei.
Etekeha leha.

— Ixi, será que é sarampo? Eu já vi
  isso entre os Bakairi. Morreram
  muitas pessoas.
Nós vamos morrer.

Então ele chamou seu primo
  Makalá para ir junto com ele.
— Primo, venha comigo ver o que
  é essa doença que está dando lá
  no sítio de nossos irmãos.
— Ixi, o que pode ser?

E lá foram eles para o Ajua Hütü.
  Chegaram.
— Nahũ, venha aqui, o nosso
  irmão está doente.
— O que ele tem?
— Sei lá, venha vê-lo.
— Ai, ai, ai, ai, ai.
Eles estavam morrendo de dor.
Lá estavam a filha recém-saída da
  reclusão e também a sua irmã.
Nahũ entrou.

Ficou longe deles, contra o vento.
— O que está acontecendo com
  vocês?
— Veja, nossos irmãos nos
  passaram essa coceira.
— Nada disso, isso aí é doença
  mesmo.
Quem trouxe isso para a aldeia de
  vocês?
— Bem, foi Agusahi quem trouxe.
— Isso é doença que está em você,
  isto é sarampo. Vá embora agora.

*Kupisũüdão kaenga leha igei kugihe
kũegu ĩbelü heke.*
— Alati utelü jetaleha.

Tütütü la leha ipugelũdagü.
*— Kukapünguha igei, tale leha Nahũ
ihatilü.*
Tenhümi leha etena.
Ülepei leha etĩbelü:
*— Uhisũüdão kugihe kũegu leha
angi.*

Ünagope ogopijü leha tüitukona.
Átagikute leha etijatelüko.
*Tita leha tuã uhijüinha ũbege etelüko
apünguko geleha tita.*
*Üngelepeha, ihitsüpeha, ĩdisükope
leha.*
*Aitsingope ĩdisükope agiketipe geleha
tütenhüi leha tinilale.*
*Üngelepe tsügütse unkgu tetĩbenhüi
Kahĩdzuna:*

— Ahütü atsange apakopela leha.
— Búúú, aibeha iniluko leha.
Ulepe aiha.

*Tingükope ngõdilü geleha ihekeni
Ajua Hütüte.*
Ülepe Amutu heke tãba:
— Uingüi itsai, aibeha ãbalü iheke.
*Ülepe kogetsi hũda aibeha tiheti
bahüle iheke.*

Você trouxe uma hiperdoença
para os nossos irmãos.[1]
— Tudo bem, vou embora agora
mesmo.

Ele já estava tremendo muito.
— Nós vamos todos morrer — disse
Nahũ ao sair da casa.
Foi direto para a aldeia.
Quando chegou, disse:
— Meus irmãos, já chegou uma
hiperdoença por lá.

Os doentes tentaram voltar para a
sua aldeia.
Em Atagiku, amarraram suas redes.
Procuraram água, mas não resistiram.
Morreram por lá mesmo.
Tagahi Kũegu, sua esposa e uma das
filhas.
Sobreviveu apenas aquela
recém-saída da reclusão. Ela
seguiu viagem chorando.
Somente ela conseguiu chegar a
Kahĩdzu.

— Meus pais estão mortos.
Aí todos choraram.
Pronto.

Eles tinham deixado suas roupas no
sítio Lugar dos Morcegos.
Foi isso o que Amutu Kuikuro vestiu.
— Agora essa roupa é minha! — E a
vestiu.
Depois, no dia seguinte, ele
também foi pego pela doença.

Igehũdaha isũa:
— Aí angi atsange kugihe etihetagü leha titsae.
— Kukihitüngihaaaaa!
Búrúrúrú... Lá leha etelüko leha.
Ekise telü Nahũ itaginkgijüinha ekise enhügü la leha kugeko telü.
— Kekeha leha kukihitüngiha!
Ülepei leha etelüko leha Hunukegi Hongona.
Tügepakingona leha inhünkgo.
Hutsikugeli leha tita Alahatuá otomo itsagü.
Tita leha itsako leha.
Tilako unkgu isünkgülüko tita.

Aiha. Nahũ ingunkgingu leha.
Nügü leha iheke tühitsü heke:
— Kigeha leha Makahukuna leha.
Ago leha kulimo leha kunhĩbingeni.
Kigeha kagaiha geponga leha.

Üle hata leha kugeko tetagü leha tüinhangokoki etena.
Ünagope akinhatunalü leha:
— Angi atsange ekü kae leha, nalü leha iheke.

Ãtiha Nahũ enhügü leha ehuata leha Mukahukuna.
Tita geleha kugeko ngõdilü leha iheke.
Ila geleha isünkgülüko ülepe kogetsi hũda leha etĩbelüko:
— Olãdu, atütüila atsange igei tisitsagü.
Angi atsange leha kugihe leha tisitute.

Era época da seca.
— Pessoal, agora a doença está dando lá no sítio.
— Vamos fugiiiiiir!
Lá se foram eles, desarvorados.
Algumas pessoas foram falar com Nahũ para saber mais sobre o sarampo.
— Vamos embora, vamos fugir!
Então foram para Hunukegi Hongo.
Uma ilha de mata alta no meio do campo.
O povo de Alahatuá acampou nessa mata.
Ficaram lá três dias.

Então Nahũ teve uma ideia.
Disse para a sua esposa:
— Vamos para Makahuku.[2]
Vamos levar nossos filhos para outro lugar.
Vamos ficar perto dos caraíbas.

Enquanto isso as pessoas estavam indo buscar alimentos na aldeia.
Elas iam contando o que acontecia:
— Fulano de tal pegou, o outro também — diziam.

E lá se foi Nahũ, descendo o rio Culuene de canoa para Makahuku.
Deixou o pessoal por lá.
Dormiram no caminho e chegaram no dia seguinte.
— Orlando, não estamos nada bem.
Chegou doença em nossa aldeia.

Angi leha sarampo kugeko kae.
— Jatsitsü amago, apüngukoingo
   leha hüle egei.
Inhalünaha vacinai gele akaeni.
Atütüi ekugu hegei elimo inginügü
   eheke ina tiseponga.

Tita leha hüle egei atamini akinha
   etĩbetagü leha inhani.
Kaküngi leha kalapalokope apüngu.
Kagaihakoha Odilãoha Faladão ake
   inhategatinhikoi Kahĩdzute.
Ĩde, ĩde lá leha inhategako ihekeni.
Egea uãke inhünkgo.

As pessoas estão com sarampo.
— Coitados de vocês, vocês vão
   morrer.
Ainda não existe vacina. Que bom
   que você trouxe seus filhos aqui
   pra perto de nós.

Quando eles estavam por lá,
   receberam notícias.
Tinham morrido muitos Kalapalo.
Os caraíbas Odilon e Faladão
   estavam enterrando-os em
   Kahĩdzu.
Eles enterraram um do lado do outro.
Foi assim que aconteceu.

1959

Ngikogo

*Ẽ ẽ egea uãke etelüko ngikogo inha gele
kinegetuko hatalüpe egei.
Olãdu etijü leha uãke Leonadu
tongopeinhe.
Ngiko hinhe ngapa leha uãke egei etijü.
Olãdu etimokilü leha Jauaguna.
Aitsükü gehaleha üle ahumitsilü iheke.*

*Aitsükü ekuleha itita tsekegüi leha
inhügü ngiko ndüilü leha iheke.
Üle ikagu alehüle Nahũ ikaginhi.
— Osi hõhõ Jauagute leha inhalü leha
ngiko etuhijüipei.*

*Aitsüha tühitsü hekeha nügü iheke
Alahatuáteha.
— Ekü Sesuaka Jauaguna kige.
Tuãkuna etinenügü hataha.
— Jauaguna kige.
— Opü, okobe ngikogo heke balekenhi
kukelü.
— Inhalü kukelüingo iheke hekini tsale
akagoi.
— Kigeapa laha kuketamini ngikogo
heke.*

*Nahũ, Sesuaka, Jakalu, Hugasa,
Jamunua laha etelüko.
Ihãupeha Uluti tühitsü ake.*

Índios bravos

Eles foram ao encontro dos índios
bravos quando ainda tínhamos
medo deles.[1]
Orlando tinha saído do Posto
Leonardo.
Não sei qual o motivo da saída dele.
Ele havia se mudado para o
Diauarum.
Era um outro posto que ele havia
aberto.[2]

Lá, Orlando se tornara realmente
grande, levou muitas coisas para lá.
Isso chamou a atenção de Nahũ.
— Vejam, no Diauarum não falta nada.

Então ele disse para sua esposa em
Alahatuá:
— Sesuaka, vamos para o Diauarum.
Era o início da época de chuva.
— Vamos para o Diauarum.
— Lá é longe e perigoso. Os índios
bravos vão nos matar.
— Que nada, eles são bons, não irão
nos matar.
— Tá certo, vamos lá, deixe que eles
nos matem.

Nahũ e Sesuaka foram com os
filhos Jakalu, Hugasa e Jamunua.

Ãtiha amãhã sinügüko ti, ti, ti...
Inaha Ahangi Tahati.
Asatahape õto leha atamini Nahũ
kilü.
— Igeimati hõhõ utetai.

Üle hata ihitsü tapati asügü ĩdipügü
atai.
— Jahe egete ãde asügü ĩdipügü.
Aibeha kaküho leha ijimo telü püu
püu püu imetsülü leha ihekeni.
Tita hõhõ ĩtsagü ihekeni.

Üle hata etimükẽilüko:
— Opü, ãtibe ukuge.
Üle hata tingi ihekeni.
— Opü, aminkgo uãki eitsagü?
Nahũ kilü.
— Eikagu hinhe taka igei uetsagü,
unaki etetako?
— Ojoha ila uhülu inha titsetagü
kulimo ake.
— Aĩde uge akeni nügüha iheke
Kahugu kilü.
— Aingo hegei. Ketepapa.

Tügekuili leha sinügüko
Kahugu ekisei Nahũ átope.
Kagaiha leha hüle etitanünkgo kilü
amigui leha.

Titalüpeinhe leha isinhügüko ti,
ti, ti...
Kohotsi leha atai ina Ahangi Tahati
etĩbetagüko.

O primo dele, Uluti, foi também
junto com sua esposa.
Eles foram a pé até Ahangitahagü.
Quando atravessavam um tucunzal,
Nahũ disse:
— Eu vou ao banheiro.

Enquanto isso, a esposa dele achou
murici caído.
— Venham cá, tem murici maduro
aqui.
Seus filhos correram para catar
murici e ficaram lá comendo.

Eles então olharam para trás.
— Opa. Tem uma pessoa lá adiante.
Foi quando eles o viram.
— Nossa, amigo, o que você está
fazendo aqui? — disse Nahũ.
— Eu vim para ter notícias de vocês.
Aonde vocês estão indo?
— Bem, estou andando para lá com
os meus filhos.
— Pois então vou com vocês —
Kahugu falou.
— Tá legal, vamos lá.

Eles vieram felizes.
Kahugu era amigo de Nahũ.
Eles se chamavam de "amigo",
assim mesmo em português.

De lá, seguiram viagem a pé.
À tarde, chegaram a Ahangitahagü,
onde moravam Kajápo, Lísinhü,
Útu, Lapijá, Jauhé e Susiga.

Ĩdekotsüha uãke Ahangitahagü
    otomoiha Kajápo, Lísinhü, Útu,
    Lapijá, Jauhé, Susiga.
Itukope tsale igei.
Tsekegüi tuhugu uãke üne tita.

— Opü uãbeki eitsako,
    Ahangitahagü otomo kilü leha.
— Uãbeki eitsako, Lapijá kilü.
— Ĩkeniha tisuge.

Aiha tita leha ehu ihipütelü leha
    Nahũ heke.
Ngiko etuhitsohope hüngu uãke
    ekisei.
Kaküngiha uguka uãke nhipi
    ndihegiku kahokohugu.

Nahũ atsanügü leha inhani:
— Igia akatsange igei tisitsagü ila
    titsehotagü Jauaguna.
— Opü, ãde nahüle tá leha ihekeni.
— Tingugiti atsange egetüe.

— Ehu engũdüke uinha.
Ãde ihipügü pokü uguka kahoko
    hugu.
— Uge uitsai, uehugupei eitse, Lapijá
    kilü leha.
Uági ipuhijo geleha egei ehui.

Takikoha tita isünkgülüko.
Takikoha ehu ihipütelü iheke

— Uinha ataiti hõhõ uinhango
    engũdüke.
— Osi aingo hegei ãdetsapa.

Esse era o lugar deles. Só tinham
casas grandes por lá.

— Quanto tempo! O que os traz
aqui? — disseram os moradores
de Ahangitahagü.
— O que os traz aqui? —
perguntou Lapijá.
— Vejam, aqui estamos nós.

Então, Nahũ comprou uma canoa.
Ele era alguém para quem nunca
faltavam coisas.
Ele tinha muito cordão de caramujo,
colar de caramujo-d'água e cocar
de rabo de tucano.[3]

Nahũ contou-lhes o que estavam
fazendo:
— Nós estamos tentando ir para o
Diauarum.
— Lá é muito longe. Pra que isso?
— disseram.
— Vão com cuidado.

— Me arrumem uma canoa —
disse Nahũ.
— Aqui está o pagamento.
E mostrou um cordão de caramujo
e um cocar.
— Deixe comigo — disse Lapijá —,
leve minha canoa.
A canoa era feita de casca de jatobá.

Eles dormiram duas noites por lá.
Nahũ comprou duas canoas.

Aiha Sesuaka heke leha paginha
  tüilü.
Ãdelü geleha iheke ībene ãdelüa
  inhalüha geleha sakui.

Ĩdongopeinheha etelüko Anhagi
  Tahagü tongopeinhe.
— *Ãide uge akeni, Lapijá kilü leha.*
— *Ketepapa tisake.*
Tuhitsü ake leha etelüko.
— *Ihakingo akatsange egei Jauagui.*
— *Angolo hegei, kigekeha, pó pó pó...*
  há etelüko leha.

Nahũha nhütisüi Kahuguha
  ihotugui ah etelüko leha.
Otohongo atako Kahoko Hugu
  tühitsü ake Lapijáha.

Tetingugi giti ake Jakagena
  inhünkgo.
Etībelüko leha, ülepei etelüko
  Majula üngati búúúh laha Majula
  Jakageteko.

Ületsügütse leha Nahũ ingilü
  kagaiha heke.
Akago itaginhuala leha hekite
  itaginhu.

Ãtiha Kalukuma Aütü enhügüha
  enhügü itagībakilükoinha
— *Opü uhisü uāki eitsagü igei.*
— *Ẽẽ ilá Jauaguna akatsange igei*
  titsetagü kulimo ake.

— Por favor, me arrumem comida.
— Está bem, aqui está.
Aí Sesuaka fez farinha.
Ela armazenou em um cesto
como o de polpa de pequi.
Ainda não havia saco.

Ao partirem de Anhagi Tahagü:
— Eu vou com vocês — disse
Lapijá.
— Então venha conosco.
Ele foi com sua esposa.
— O Diauarum é longe.
— É verdade. Vamos embora.
Assim foram.

Nahũ ia na parte de trás da canoa,
  Kahugu na frente.
Na outra canoa iam Kahoko
  Hugu com sua esposa e Lapijá.

Com o sol se pondo, chegaram
  à Base Jacaré. Logo foram para
  a casa dos Kamayurá. Havia
  muitos Kamayurá na Base.

Um caraíba viu Nahũ e percebeu
  que ele falava bem português.

Então veio Kalukuma Aweti
  cumprimentá-los.
— Meu irmão mais novo, o que o
  traz aqui?
— Eu estou indo com meus filhos
  para o Diauarum.
— Nossa, lá é muito longe. Os
  índios bravos vão matar vocês.

— *Opü!! Okobenile ngikogo heke
higei apilüingo nengetina ale egei
etetagü.*
Tetemisinhüpe uãke ekisei kukakiti.
— *Ẽkugu laha tisetai ngikogo heke
kulimo ake.*
— *Ẽkuakatsange tingugiti atsange
egetüe.*

*Lepeneha Kuguegü Kamajula
enhügüha Júka üüpe:*
— *Ah pi, á unaki etetagü igei?*
— *Ilá utetagü Jauaguna.*
— *Oko eniküle tingugiti atsange
eteke Tsiuja heke kenhi apilü,
Juguna heke kenhi apilü.*
— *Laha tisapigai ihekeni.*
*Inegetohokope ekugu akagoi,
akagoiha Tsiujai Jugunai.*

Aiha ahugutilüko leha tita.
Nahũ telü leha kagaihako inha.
*Nahũ inha leha tingükope tunügü
ihekeni, igia leha inginügü iheke.*
Kagaiha hotitohope ekisei.

*Etelüko leha. Ngikomũde ngapaha
isünkgülüko.*
Titaha Nahũ telü ügü agilüinha.
— *Uügülükingũdai hõhõ.*
*Hakila geleha igehũde gelehe hegei
kanga etagü iheke tugupisi.*
Inhalüha ukugetsei gele uãke ilá.

Ülepei kogetsi hũda etelüko gehale.
*Aetsi unkgu kuge hogijü ihekeni
Tujagagete Pepüri tsüha.*

Vocês estão indo para um lugar
perigoso.
Ele falava um pouco na língua kuikuro.
— Pois é, deixem que nos matem, a
mim e a meus filhos.
— Podem ir, mas tomem cuidado.

Depois veio Kuruerü Kamayurá, pai
do finado Juka.
— Sobrinho, aonde você está indo?
— Estou indo para Diauarum.
— É mesmo? Que perigo! Tome
cuidado, senão os Suyá e os Juruna
vão matar vocês.
— Deixe que nos matem.
Os Suyá e os Juruna metiam muito
medo na gente.

Pronto. Anoiteceu.
Nahũ foi então visitar os caraíbas.
Eles deram muitas roupas para Nahũ,
que as levou consigo.
Ele era sempre procurado pelos
caraíbas.

No outro dia, seguiram viagem.
Não sei onde pararam para dormir.
Nahũ saiu para pescar.
— Eu vou pescar.
Ele estava pegando peixe bem ali
pertinho, pegou um montão.
Não havia outras pessoas por lá.

Então, no dia seguinte, seguiram
adiante.
Nesse dia, encontraram só uma
pessoa: Prepori da aldeia Tuiararé.[4]

Õu eküha Masea Makupa ũũpe.
Ãde atsange ngikogo, kenkgutüngi
inhani,
— Como vai?

Hotugu ekugu hegei itukope
Tujagagei.
Tita hegei kuminhango nhünga tsũeĩ
ekugu bela inhangoko.
Hakila gele hegei egepe atai geleha.
Igia geleha kapehela geleha Makupa
atai, kapehe tsetse leha hüle
ihinhano Moja.

Aiha. Titalüpenginhe leha etelüko ila
geleha isünkgülüko
Ülepe okogetsi hũda titselü geleha.
Ĩde giti atai leha kohotsi Nahũ heke
leha Jauagu igü ingilü:
— Opü, ĩtüe Jauagu igü akatsange
igei leha kitsakenünkgoi.
Kuketĩbetagüko makina igei leha
Jauaguna.
— Eniküle.

Ülepei etelüko leha kohotsi Jauagu
gitaloguna apakitagüko.
Akinügüko hata leha, üle hata
Kahugu kuẽgü ijetagü kohotsi
ekugu giti enũbata:
— Angibe kajü ijetagü, ahütü
itsuẽgübale esei.
— Uge nhibetomi, Kahugu kilü.

Ah! Também Masea, pai de
Makupá.
— Tem índio ali, vamos nos
aproximar.
— "Como vai?"

A aldeia Tuiararé foi a primeira
aldeia Kayabi no Xingu.
Lá tinha fartura de alimentos, eles
tinham muita comida.
Naquele tempo, a terra preta ficava
perto da aldeia.
Makupá ainda era pequeno. Seu
irmão mais velho, Móia, já estava
um pouco maior.

Pronto. De lá se foram. Dormiram.
No dia seguinte, continuaram em
frente.
À tarde, Nahũ avistou a mata alta do
Diauarum.
— Vejam, ali está a mata que corta o
nosso caminho.
— Já estamos chegando ao
Diauarum.
— É mesmo?

Seguiram. Ao entardecer, eles
apareceram no retão do Diauarum.
Quando eles já estavam cansados,
de tardezinha com o sol se pondo,
se depararam com um guariba
atravessando o rio.
— Olhem o macaco-prego nadando.
Não, esse aí é um macaco-aranha.
— Deixa eu atirar nele — disse
Kahugu.

*Ãde ekugu dóóó... tsóó... Igehuna
   begele inhakumakilü beha hüge
   etuõlü heke.
— Lõbisi bale kulapagongo epungu
   ünago
heholü leha eheke, tatühügü egei
   iheke.
— Egea ekutale ukilü, hahahaha...*

*Ülepei leha etelü ila geleha isitalogu
   kae geleha ahugutilüko.
Tééh lá leha ĩbo ataguhepügü
   ingiale leha apitsitagüko.
Üle ingilü heke leha ihegüko
   agugijü.
— Ijaheji kigeke, pü pü püu...*

*Engiho ekugu enkgulüko.
— Ina kenkgutüngi
Inene leha enkgulüko oti
   etĩbepügüna.
Uhitseke gele hegei enkgulüko.*

*— Ĩde hõhõ eitsüe, Nahũ kilü.
— Ipü keteha uake, ti ti ti...
Etelüko leha, nhabüalü leha egei ti
   ti ti... Isitsilü hata.*

*Kagaiha akisü uhijü hata ekugu
   gele hegei Kaiapiko heke.
— Oi, amigo?
— Oi.
— Banoite [boa noite].
— Banoite.
— Quem é o chefe aqui?
— Jeu. Eu sou o chefe.*

Eles chegaram bem pertinho, mas
   Kahugu não atirou direito, sua mão
   tremeu com o tranco.
— Ainda bem que ninguém estava
   vindo para cá, senão você teria
   acertado nele — ficou dizendo Nahũ.
— Pois é! Bem que eu disse, ha ha
   ha ha.

Então seguiram pelo retão já
   anoitecendo.
Foram deslizando guiados pelas
   luzes acesas.
Vendo isso, eles se animaram.
— Vamos logo, remem.

Ainda demoraram um pouco para
   aportar.
— Vamos aportar aqui.
Aportaram do outro lado, onde
   começa o campo. Ainda não sabiam
   onde aportar.

— Fiquem aqui — falou Nahũ.
— Filho, venha comigo.
Eles foram andando no escuro.
Pararam para urinar.

Nessa época os Kayabi ainda estavam
   começando a falar a língua dos
   caraíbas.
— Oi, amigo?
— Oi.
— Banoite [boa noite].
— Banoite.
— Quem é o chefe aqui?
— Jeu. Eu sou o chefe.

— Qual o seu nome?
— Tawapā Luís.

Ãugūda hegei, Marupa tsũbalüle,
igehungupe ekisei tükagugi leha ige
atühügü.

Ele estava mentindo, ele se
chamava Marupá, ele tinha um
defeito no braço.

— Cadê Orlando e Cláudio?
— Cláudio tá lá.
— Vamos falar com ele.

— Kigeha inha, ti, ti, ti, tiki...
— Kalauju āde tugonkgungoko etsagü.
— Uã nigei einhügü etsohoi?
Tãuguila ekugu Kalauju heke Nahũ
tikuoĩjü.
— Uama igei eitsagü?
— Ãde tisetsagü ina eingilüinha.
— Aingo ekugu hegei, aingo hegei.
— Cadê Orlando?
— Orlando está em São Paulo.
Semana que vem ele volta.
— É mesmo?
— Sim.

— Vamos lá.
Foram. Entraram.
— Cláudio, chegou o pessoal do
Alto Xingu.
— Qual o motivo de tua vinda?
Cláudio abraçou forte Nahũ.
— Por que vocês vieram?
— Nós viemos te visitar.
— Que legal, obrigado.
— Cadê Orlando?
— Orlando está em São Paulo.
Semana que vem ele volta.
— É mesmo?
— Sim.

Tapangakehitsi hutsü Kajapiko.
Burúrúrú lá leha igüĩjüko ihekeni
Olãdu ünga, letsügü gelebama.
— Ĩtueha Kuikuro anetügüha esei
Kalauju kilü.
Inhalü ihugukitako leha ihekeni.
Nagoha tüki tüki geleha
itaginhũdako.
Nagoha Marupãha, Tawãpãha,
Tucanuha, Mowüha, Üpoha,
anetüha Kuiabanu.

Alguns Kayabi ficaram sabendo da
chegada deles e se juntaram na
casa de Orlando.
Nunca tinham se visto antes.
— Vejam, este é o chefe Kuikuro —
disse-lhes Cláudio.
Eles ficaram admirados, pois ainda
estavam aprendendo o português.
Eram Marupá, Tawãpã, Tucano,
Mowü, Üpo e o chefe Cuiabano.

*Jugunako atakihekugipügükitüho
gele hegei Tsiuja ake.*
*— Igegakeha ünago Juguna üngati,
Kalauju kilü leha.*
Ülepei leha Kaiapi heke leha igelüko.
— Ināhā eitsüe.

*— Ūdema hüle enkgupügüko, ina
hōhō ehuguko nhitai.*
Kaiapi telü leha ehu itigi.
*Olando nakagati leha enkgulü leha
hüle.*
*Búrúrúrúrú… Lá leha Kaiapiko
telü nhekikogu kugijüinha.*
*Letsügüi geleha egei ĩdongoko
ingitagü ihekeni.*

*Igia utuku üle ata hegei paginha
ingitagü Kajapiko heke inhani, ese
heke lá tuhugu.*
*Kahugu heke tingaisi tinhahuẽgisi
behüle iheke:*
*— Aminkgo, kütsü puguku itu ihijü
uheke, utinhatitsai hōhō, tsuku
tsuku…*
— Ẽbeki?
*Lepene aitsükü gehale tingaisi
iheke:*
*— Hüü hüü hü… itigu,
igebekumakina igei*
*— Ĩkeha, etihüĩtsüe atsange
kuminhangoko hüngü igei.*

*Aiha ahegetilüko leha iseponi
geleha Kaiapiko.*

Isso ocorreu logo após os Juruna e
os Suyá se acalmarem.[5]
— Levem-nos à casa do Juruna —
disse Cláudio.
Aí o Kayabi levou-os até lá.
— Podem se hospedar aqui.

— Onde vocês aportaram? Eu vou
buscar a canoa de vocês.
O Kayabi foi buscar a canoa.
Ele levou a canoa até o lugar de
banho do Orlando.
Muitos Kayabi foram carregar as
coisas que eles traziam na viagem.
Era a primeira vez que eles viam o
pessoal daqui do Alto.

Os Kayabi vinham trazendo
farinha para eles dentro de cuias.
Ao comer a farinha, Kahugu
sentiu um fedor em sua mão.
— Amigo, eu mexi na bosta de
porco. Peraí que vou lavar a
minha mão.
— É mesmo?
Depois comeu de novo a farinha.
— Ixi, o fedor é da farinha mesmo.
Riu.
— Vejam, vocês têm que aguentar
isso, não é como a nossa comida.

Ao amanhecer, os Kayabi ainda
estavam por lá, ao lado deles.

*Igia unkgu ingitü Kanaigu Jagamü
  itãugu apakilü.*
Üpo Kaiapi hitsüiha atai.
*Hotugui hüle Jauagitu Trumai
  anetügü hitsüi itsagü*

*Jauagitu heke leha opokinenügü
  Tsiuja itãugu Karandütü heke leha
  ingukeilü.*
*Jauagitu itakongoi leha Üpo Kaiapi
  inhügü:*

*— Opü!! Uābeki eitsagü uhisü,
  Kanaigu kilü Nahũ heke.*
*— Umabetsü ege uhãü Sesuaka kilü
  iheke.*
— Ãde uetsagü ina kagaiha inha.
— Aingo hegei, ãde gele uge ĩde.

*Ihisumi leha isünkgüpügüko atai
  leha Augako ugonkgutagü.*
*Ingila ēbalüle Augako ugonkgupügü
  itsagü Kaiapiko inha ilá Agitsaua
  kae.*
*Kaküngikoha Augako, ĩdeha giti
  atai mitote enkgutako.*
*— Ige hungu beki egei nengeti
  tihatatinhüi, Nahũ kitagü leha.*
*Anetü ēbalüle Lakujaua, imuguha
  Kamala, Kahalaha, Jahatiha
  kaküngiko.*
*Walakuha tatinhüpe isakisü otoi,
  kagaihaiha ekisei titaginhinhüpe.*

Logo depois, apareceu Kanaigu,
  uma mulher Jagamü.
Ela estava então casada com Üpo
  Kayabi.
Primeiro, ela tinha se casado com
  o chefe Jauaritu Trumai.

Mas ele a abandonou ao se apaixonar
  por Karandütü, uma mulher Suyá.
Üpo Kayabi ficou então no lugar de
  Jauaritu.

— Quanto tempo! O que você faz
  por aqui, meu irmão? — Kanaigu
  perguntou para Nahũ.
— Você é doida demais, prima —
  disse Sesuaka.
— Eu vim aqui para visitar os
  caraíbas.
— Tá certo. Ainda estou por aqui.

Alguns dias depois, os Waurá
  vinham subindo o rio.
Antes disso, eles já tinham ido à
  aldeia dos Kayabi, subindo pelo rio
  Manitsauá.
Eram muitos Waurá. Logo de
  manhã aportaram.
— Ficaram dizendo que aqui é
  perigoso, mas não é — disse Nahũ
  para o chefe Malakujauá.[6] Estava
  com seus filhos Kamala, Kahala,
  Yahati e alguns outros.
Walaku era o dono das palavras,
  o tradutor deles. Era ele quem
  falava português.

148

*Ĩketsapa ĩbene ãdepügü agageha
paginhaha nhipini.*

*Lakujaua heke Nahũ itagĩbakilü.
— Karuaia ãde niküle ege ĩde?*

*Ititüpeha gehaleha egei Kaguajai.
— Ãde taka ina uetsühügü.
— Auga etagü ekuatsange igei õi heke,
inhalü tisinhangoi etete. Üle hinhe
hüle igei tisetsühügü ina, nügüha
iheke.
Kagaiha pila gele egei kukatai.*

*Aiha, kogetsi ĩde giti atai anetü
Lakujaua auga kilü Nahũ heke:
— Kulimo hõhõ iginhuneke Ũduhei.
— Inhalü takatsange, inhalü igisü
uhunümi uheke.
— Eniküle.
Ülepe tüte tepujati.
— Inhalü uhunügüi uheke oũüko
kitagü.
— Augũdagü egei aĩdeha aleha ngipi
iginhoto ale ekisei.*

*Ãti gehale sinügü:
Tisiginhutetomi iheke kulimo
kitagü.
— Inhalü uhunümi uheke
einkgugikünkgo kenhi uheke, égeha
eitse.
— Ehẽ ugeha kulimo nhiginhunetai.*

Eles traziam farinha em cestos
parecidos com aqueles para
armazenar polpa de pequi.

Malakujauá cumprimentou Nahũ.
— Karuaja, você está por aqui?

Nahũ também se chamava Karuaja.
— Sim, eu estou por aqui.
— A sede está matando os Waurá,
estamos sem comida na aldeia.
Por isso que viemos para cá — ele
disse.
Naquele tempo, ainda não havia
caraíba morando perto de nós.

Pronto, no dia seguinte de manhã,
Malakujauá pediu a Nahũ:
— Por favor, cante Ũduhe para
nossos filhos.
— Não dá, eu não sei os cantos.
— É mesmo?
O chefe juntou-se a seu pessoal:
— O pai de vocês disse que não
sabe os cantos.
— Ele está mentindo! Claro que
sabe, ele é mestre de canto.

Aí o chefe veio de novo.
— "Pede para ele cantar para nós",
estão dizendo nossos filhos.
— Eu não sei mesmo. Se cantar,
estarei enganando vocês. Cante
você mesmo.
— Está bem, eu vou cantar para os
nossos filhos.

Aibeha ĩde giti atai nhanguko leha.
Tatute leha auga itaũgu angũdagü,
dookü.

Jakupe, ikene geleha, Kahala,
Lakujaua ĩdisüha, ãide gehaleha
telo lá tuhugu.
Kesümbei leha Kajapiko tetagü Auga
itãugu ingilü heke.
Ületsügüi tsama ketingunkgilü
ingitagü ihekeni.

Laha uãke augako angũdagü
Jauagute.
Kohotsi bele akinünkgo.
Kamala heke leha Kanaigupe ĩbilü
leha.
Üpo hitsüiha atai.
Ngikaho leha etetako inhalü ege
ingũdohoi.

Aiha ülepene leha Kalauju heke
nhengikõbalüko leha.
Etetako hegei leha. Ĩdeha giti atai
ugonkgutako leha, há sinünkgo bele.
Unatsüma hakingo hüngü.
Aiha, Uluti enhügü leha,
Lapijahakope leha.
— Nahũ, titselü akatsange igei leha.
— Egetuepapa leha, ĩde gele hõhõ
tisitsai.
Ãideha titselüingo eingini.

Isinünkgo leha ugonkgulüko leha.
Ülehata leha kugeko heke ngikogo
heke tuepügü hangamitagü.

Com o sol aqui ó, eles dançaram.
Todas as mulheres Waurá
dançaram com eles.

Lá estavam Jakupe e sua irmã
Kahala, filhas de Malakujauá.
Havia muitas outras também.
Os Kayabi ficaram loucos ao ver as
meninas Waurá.
Pela primeira vez as estavam
vendo nuas.

Assim os Waurá dançaram no
Diauarum.
Eles pararam no final da tarde.
Kamala roubou Kanaigu, quando
ela ainda estava casada com Üpo.
Foram para o mato atrás das casas
sem serem notados.

Então, Cláudio deu presente para
eles.
Eles já estavam indo embora.
De tarde, subiriam o rio voltando
para a aldeia.
Até parece que não era longe.
Uluti e Lapija vieram se despedir
de Nahũ.
— Nahũ, estamos de partida.
— Podem ir, nós ainda vamos ficar
por aqui.
Depois vamos atrás de vocês.

Eles voltaram subindo o rio.
Enquanto isso, as pessoas estavam
imaginando que eles tinham sido
mortos pelos índios bravos.

*Ülehata leha ikongokope Kahoko
Hugu etībelü leha etena ihatigini.*

*— Ahütüha anünkgola leha tá leha
ihekeni.*
*Tuepügüko hangamitagü leha egei
ngikogo heke.*
*Nahū hāü ingãdzu Aumaju heke
leha inhĩdagü.*
Tamitsi bama inhünkgo itita.
*Isitigükope ongĩbolü hata leha egei
etībetako.*
*— Ãde gele tale tisanügü, hekini tsale
akagoi, Kahoko Hugu kilü leha.*

Tita gele hüle Nahü.
*Akagope tepügükitüho üle
apantagüiha Da'á Juguna anetügü
heke ihogijüko.*

Bem nesse momento, Kahoko
Hugu chegou para contar a
novidade para eles.

— Para nós, vocês já tinham
morrido — disseram.
Eles pensavam que eles tinham
sido mortos por índios bravos.
A prima de Nahū, Aumaju, estava
chorando.
Isso porque eles ficaram muito
tempo por lá.
Eles chegaram no momento em
que quase já estavam enterrando
as redes deles.
— Ainda estamos vivos, eles
são boa gente — disse Kahoko
Hugu.

Nahū ficara ainda por lá.
Logo depois da partida de seu
pessoal, ele se encontrou com o
chefe Juruna Da'á.

Ukugekijü

— *Opü tünile egei?*
— *Nahū ugei kuhikugu itagü,*
egeha?
— *Eniküle, Da'á ugei Juguna.*
— *Uituna atsange hõhõ kete, uituna.*
— *Eniküle, osi aingo hegei, isagage*
hegei utelüingo eituna.

Kogetsi hūda mitote ah Tsiujako
apitsilü sapeu ata tatute.
— *Ĩkeha, ugeha ago ukugekinhi,*
Da'á kilü.
Itukona hekugu leha utelü.
Taho tunügü leha uheke inhani
tatutela leha ngiko tuhugu eseha
Kalauju ulegüi.
Ĩkeha, ãdeha isitako leha.
Ĩke atsange tinguti ãide gele atsange
engini gele tükotinhü.
— *Itsatagü hegei uheke.*

Ülepei leha enkgulüko leha.
Ihisumiha tigatitsinhüko.
Aiha Nahū ingilü leha ihekeni,
anetü Pentonti heke ingilü.
— *Como vai, Mügütsitüha*
akatsange ugei Kuhikugu.
— *Ãāh ẽẽ umuguiha eitse, Pentonti*
kilü leha.
Ülepei leha Nahū uüĩ leha inhügü
Kujutsi inhügü leha ihisüügüi.

Kangamukei geleha Kujutsi.
Ekü hekisei Kokerere ũũpe,
Makajua, Uakujumã lako.

Fazendo gente

— Opa, quem é você?
— Eu sou Nahū, do povo Kuikuro.
E você?
— Bem, eu sou Da'á Juruna.
— Venha à minha aldeia assim que puder.
— Obrigado. Prometo que irei à tua
aldeia.

No dia seguinte de manhã, os Suyá
vinham descendo o rio. Todos usavam
chapéu.
— Veja, fui eu que os fiz virar gente
— disse Da'á.[7]
Eu fui até a aldeia deles.
Eu dei facão para eles, dei muitas
outras coisas. Quem mandou foi o
Cláudio.
Veja só, agora eles estão chegando.
Tome cuidado, pois alguns deles ainda
são bravos.
— Pode deixar, entendi.

Depois, eles aportaram.
Vários deles usavam botoque.
Aí viram Nahū. O chefe Bentonti o viu.
— Eu sou Kuikuro, vocês me conhecem
como Mürütsitüha.
— Ah, é? Então fique sendo meu filho —
disse Bentonti.
Assim, ele se tornou pai de Nahū e
Kuyusi se tornou irmão dele.[8]

Kuyusi ainda era criança.
Estava lá também o pai dos irmãos
Kokerere, Makajua e Wajukumã.

Toniti ekisei, aĩdeha Kunkuba
ihisumiko sinünkgo.
Toni isiha Auga itaũgu Pentoti
ngĩbigatühügüha akagoi.

Aiha tita leha tisitsagü Jauagute.
Tita leha Jakalu unkgetu
itangundagü Kujutsi unkgetu
ake leha.
Etelüko hüle egei kanauinha
itsaketigi Kujutsi ake.
Itsakenũbata leha ihekeni Olãdu
tologu
heke leha heu heke Jakalu itsilü.
— Ákááá!! Aitsükü leha inilündagü.

Kujutsi telü leha ihatigi isũü inha.
Aibeha isũü telü leha itigi, Kalauju
heke leha ĩbutategagü.
Tsueĩ leha itsilü iheke.
Üle hinhe leha Olãdu heke leha
igelü Xavantinana, lepene leha
etelüko Aragasana.

Inhalü jaheji apülüi itsae.
üle hinhe leha etelüko São Pauluna.
Tita leha itsagü tamitsi ĩbutategagü.
Otomo inhügü geleha Jauagute.
Tsueĩ leha isotonũdako itsae.

Üle hata leha inhangokope
etsĩbükilü.
Üle hinhe leha etelüko Jugunana.
Da'á Juguna heke leha igelüko.
— Osiha uituna kete, uituna.
— Eniküle, osi aingo hegei
kukikatapa hōhō Kalauju inha.

Toniti, Kukunmba e outros também
tinham chegado.
A mãe do Toniti era Waurá e tinha
sido raptada por Bentonti.

Pronto. Eles continuaram lá no
Diauarum.
Foi lá que Jakalu ainda criança
brincava com o futuro chefe Kuyusi.
Certa vez, Jakalu foi pegar
cana-de-açúcar com Kuyusi.
Enquanto eles estavam cortando cana,
o bicho de estimação de Orlando,
um caititu, mordeu Jakalu.
— Aiiiii!! — ele chorou muito.

Kuyusi foi avisar o pai.
O pai dele foi buscar Jakalu para que
Cláudio fizesse o curativo.
Ele tinha sido mordido pra valer.
Por isso, Orlando o levou para
Xavantina e depois para Aragarças.

Ele não sarou logo, por isso foram
para São Paulo.
Lá ele ficou fazendo um longo
tratamento.
Os pais permaneceram no Diauarum.
Eles ficaram com muita saudade dele.

Nesse meio-tempo, a comida deles
acabou.
Por isso, foram para a aldeia Juruna.
Da'á Juruna os levou.
— Vamos então para a minha aldeia.
— Peraí, vou pedir a Cláudio para
eu ir.

— *Osi aingo hegei ukitai hõhõ iheke.*
Kalauju ese igetagü atsange igei
uheke uituna, tita hõhõ itsomi.
— *Eheniküle, igeketsapa üngele*
ehisũugutsaha ekisei.
— *Aingo hegei.*

Hekini ẽbalüle ngikogo, Da'a ekisei.
Ülepe ihanügü leha Nahũ heke
tühitsü inha.
Inhalü ihitsü akiti inhümi.
— *Inhalü hüle kutelükoi tigati*
kukelüko kenhi ihekeni.
— *Ahütü tatsüma kukengalüko*
ihekeni.
Hekiniko tsale akagoi keni hüngü
leha.
Lepene leha Da'á telü leha tüituna
uẽtigini.
Kogetesi hũda leha apitsilüko
Juguna ituna.

Enkgulü hegei kaküngi leha
uẽtühügü atai leha ihekeni
tünakagani.
Búúúúh lá ekugube.
Ãtangeha Da'á telü leha itigini
igelüko leha iheke.

— *Etsako gele?*
— *Ẽẽ gele, ãde leha tisetsagü.*
— *Osi aingo hegei, kekegeha.*

Ülepei leha igelüko leha iheke tüngü
otohongo atati.
Da'a há ekisei

— Pode deixar que eu falo com ele.
— Cláudio, estou levando ele para
a minha aldeia, para que ele passe
um tempo lá.
— É mesmo? Pode levar, ele é seu
parente.
— Tudo bem, então.

Da'á era um índio gente boa.
Então Nahũ contou para sua
esposa.
Ela não gostou da ideia.
— Não vamos lá de jeito nenhum,
senão vão acabar nos matando.
— Deixa disso, eles não vão nos
matar.
Agora eles são bons, não matam
mais.
Da'á foi para a sua aldeia esperá-los.
No dia seguinte, eles desceram
para a aldeia dos Juruna.

Quando aportaram, muitos Juruna
já estavam esperando por eles no
porto.
Muitos mesmo.
Aí veio o chefe Da'á para recebê-los
e levá-los até a aldeia.

— Vocês chegaram?
— Sim, chegamos.
— Está bem, vamos lá.

Da'á os levou para uma de suas
casas.
Outros Juruna chegaram para
vê-los.

Teloko etsagü gehaleha ingilükoinha.
Juguna anetügüpeha Bibina,
imugupeha ekisei Karandidi.
Anetüha ekisei gehale Tsinini.
Jubahoha isuün ititüi, Tsinini ũü,
laha uãke inhügüko.
Tita leha atamini tsuẽi leha
Jugunako tetagü ingilükoinha.
Letsügüitsama ingitagüko ihekeni
ĩdongoko ingitagü.

Aiha. Tita leha itsagüko itukote.
Da'a kilü leha Nahũ heke:

— Nahũ, kogetsi atsange kutelüingo
uegepügüna.
Tisinhü itsomiha elimo heke tita.
— Kaküngi ungatagü tita.
— Osi aingo hegei.

Ülepei leha kogetsi hũda leha etelüko.
Aibeha ihihitsingohona leha etĩbelüko.
Tsuẽi inhatagü, malasia, kanauinha,
angisa, menduin, panana, kuigi
kaküngi tuhugu.

Aiha. Da'a heke Nahũ leginügü
nhengelükoki;
— Nahũ, angikaha kahugu tenge
chekeni, kajü, heu, ijali?
— Inhalü kahugu engelüi tsiheke, heu,
ijali, kajü hüle.
— Eniküle, ege uhutomi egei uheke.
Kogetsi akatsange kutelüingo
itsunina.
— Osi aingo hegei.

Bibina, pai de Karandidi, era chefe dos
Juruna. Tsinini também era chefe.
O nome do pai dele era Jubaho, pai
de Tsinini. Foram eles que vieram
vê-los.
Muitos Juruna foram visitá-los.
Pela primeira vez estavam
conhecendo o pessoal daqui, do Alto.

Pronto. O pessoal de Nahũ ficou na
aldeia Juruna.
Então, Da'á disse para Nahũ:

— Nahũ, amanhã nós vamos para o
meu sítio na terra preta para seus
filhos comerem frutas.
— Eu plantei muita coisa lá.
— Está bem.

No dia seguinte, eles foram.
Chegaram no sítio. Tinha muita coisa
plantada: melancia, cana-de-açúcar,
batata, amendoim, banana e muita
mandioca.

Da'á perguntou para Nahũ o que eles
comiam.
— Nahũ, vocês comem guariba,
macaco-prego, caititu, anta?
— Nós não comemos guariba
nem caititu e anta, só comemos
macaco-prego.
— É mesmo? Era isso que eu queria
saber.
— Amanhã nós vamos para a mata.
— Está bem.

Kogetsi hũda leha etelüko itsunina.
Ülepe tingiti ihekeni takiko kajü,
  takiko kahugu aitsiha heu.
Nahũ kilü:
— Tisinhankgilü belakegei heu
  heke leha.
— Eniküle?

Ülepei leha ihitsü heke Sesuaka
  itahokitagü heu antahagüpeki.
Titaha tsuẽi belaha kuminhango
  inhãbatagü ihekeni.

Ami gehale etelüko ügü agilüinha.
Tita leha Nahũ akitahagü iheke
  tüĩhũgukoki.
— Nahũ, kagaiha ipopügü tisugei
  inhalü atütüi tisĩhũgui.

Hüati telükilü leha apugati
  titalüpengine leha kola
  inginügükilü iheke.
Üle heke leha teloko igitahetagü.
Hüge ingitagü muke leha uãke
  iheke.
Üle hinhe leha tühelü leha ihekeni.
Apugati leha etelü, ihilü leha egei.

Tamitsi leha atai ãti gehale ogopijü.
Aibegehale tühelü gehale.
Aibeha ogopijü leha apugati
  tapungui leha hüle.
Egea atsange uãke tisĩhũgu inhügü.

Aitsükü leha Nahũ ihugukitagü
  isakinhatu heke.

No dia seguinte, eles foram caçar.
Trouxeram dois macacos-prego, dois
  guaribas e um caititu.
Nahũ disse:
— O caititu escapou de nós.
— É mesmo?

Depois, a esposa do chefe ficou
  provocando Sesuaka com a tripa
  do caititu.
Mas eles comeram também de nossa
  comida.

Num outro dia, eles saíram para
  pescar.
Na pescaria, o chefe contou para
  Nahũ a história de seus ancestrais.
— Nahũ, era para nós sermos caraíbas.
  O nosso ancestral mandou mal.

Dizem que um pajé ia para o fundo
  da água, e de lá trazia miçanga.
Isso estava dando inveja nos outros.
Ele trazia até arma de fogo.
Por causa disso, eles tentaram matá-lo.
O pajé fugiu e entrou no fundo da
  água.

Muito tempo depois, ele voltou.
De novo, tentaram matá-lo.
Ele voltou para o fundo da água e
  nunca mais retornou.
Assim que aconteceu com o nosso
  ancestral.

Nahũ ficou muito impressionado
  com a história dele.

Ülepe ihatigi leha etībelükilü tülimo
inha.
Aiha. Titalüpengine leha isinügüko
leha itukona leha.
Titaha hōhō itsako itukote.

Titaha atamini Ɉukahamãiko
engutagü, īde giti atai:
— Āti atsange Ɉukahamãiko.
Igia ihisūduko nhatüi, pokü, pokü
enkgulüko bele.
Ah itagībakitako leha anetü
heke, ünago üngati leha etelüko,
inhalübe akago itigüi.
Ülepe mitote leha isituatini leha
isinalüko ito geponga leha
alahãdengalüko, lá ekubetsüha.
Lakatsange uãke inhügüko
Ɉugunate.
Ātibeha sinügü inhükini ihisumiha
sinünkgo Ɉauaguna ikeni.
Aiha etībelüko leha Ɉauaguna.
Tita leha itsagüko
Takiko unkgu Ɉauagute
isünkgülüko Ugonkgulüko gehale
Tsiujako ituna
Inhalü Ɉakalu hüngüngü ingũdohoi
ihekeni Ɉauagute.

Etelüko leha Tsiujako ituna.
Tita leha itsagüko itukote leha
Pentonti kae.
I hutsībeke gele egei atamini.

Depois, Nahũ contou essa
história para seus filhos.
Pronto. De lá do sítio, voltaram
para a aldeia dos Juruna.
Lá eles ficaram.

Quando eles estavam lá,
chegaram os Txukarramãe.[9]
Era de tarde.
— Lá estão vindo os Txukarramãe.
Eram cinco. Aportaram.
O chefe os recebeu e os levou
para sua casa. Eles não tinham
rede de dormir.
De manhã, ficavam deitados
perto do fogo. Lá na aldeia dos
Juruna. Eles eram estranhos
mesmo.
Nahũ, então, foi até o Diauarum e
vários Juruna o acompanharam.
Chegaram ao Diauarum.
Dormiram lá duas noites.
Depois subiram o rio para a terra
dos Suyá.
Eles não aguentaram ficar no
Diauarum, porque ficavam
lembrando de Jakalu.

Eles foram para a terra dos Suyá.
Lá, eles ficaram na casa de
Bentonti.
Os Suyá ainda estavam
acampados na mata.

Hekiteha itsügitsako ihekeni
üle kaeha egei itsako.
Titaha atamini apüngundako,
tsuẽi leha inilũdakotsüha.

Engihō leha ãti gehaleha ogopijüko
Jauaguna.
Jakalu geleha kagaihate.

Aiha Nahũ kilü leha Kalauju heke.
— Kalauju, angi ahijão ata leha
ugopiholü?
— Aingo hegei, kogetsi atsange leha
eteke Leonaduna.
— Aingo hegei.
— Aminga leha egei emugu
enhümingo, tigatiha uẽta leha
üngele.
— Eniküle, tigati nhuetai üngele.

Kogetsi hũda leha sinünkgo ahijão
ata Leonaduna.
Etĩbelüko leha Leonaduna.
Okogetsi hũda leha Jakalu etĩbelü
ahijão ata gehale.
Aitsükü leha otonuko hata leha
etĩbelü Titalüpengine leha ina leha
sinünkgo Ahangi Tahati.

Eles cuidaram muito bem deles,
por isso ficaram por lá.
Quando ali ainda estavam, morreu
mais de uma pessoa. Eles
choraram muito.

Algum tempo depois, Nahũ
retornou com sua família para o
Diauarum.
Jakalu ainda estava na cidade.

Aí então Nahũ disse para Cláudio:
— Cláudio, será que posso voltar
de avião?
— Tudo bem, amanhã você pode ir
para o Leonardo.
— Obrigado.
— Depois de amanhã, seu filho vai
voltar, pode esperar ele por lá.
— É mesmo, vou esperar ele lá.

No dia seguinte, foram de avião
para o Leonardo.
Eles chegaram no Leonardo.
No dia seguinte, Jakalu chegou de
avião.
Ele chegou quando já estavam
sentindo muita saudade dele.
De lá voltaram para Ahangitahagü.

1960

Etimokinge

Een egeage uāke inhügüko.
Jakage tongopengine leha Olādu
  inginügü Kanato heke Magika
  Kamayula ake Tago Üngüna.
Olādu enhügü leha Tago Üngüna,
  tita leha posto akilü leha iheke.
Hotugui uāke Capitão Vasconcelui
  ititü itsagü.
Lepene leha Leonadui leha ititü
  inhügü.

Tamitsi leha Olādu atai
  Leonahadute.
Aiha Mato Grosso anetügü heke
  ngapaha leha ngongope ikumenügü.
Üle ikagu etībelü leha Olādu inha.
Aibeha inhegekialeni ekubele.

Aibeha Kuhikugu otomo itinhi
  humilü leha Olādu heke.
Tagukageha Kuhikugu ataiha
  Leonahadute.
Üngele humilü leha iheke kuhikugu
  otomo itigi Alahatuána.
Kohotsi etībetagü Lahatuana:
Titage leha etelü Nahū üngati:
— Uābeki eitsagü?
— Jaja, atütüila akatsange
  kutāopüāoko heke kuküitagüko.

Mudança

Foi assim que aconteceu.
Kanato e Mariká Kamayurá
  trouxeram Orlando lá da Base
  Jacaré para um lugar chamado
  Casa da Ariranha.
Orlando veio e lá abriu um posto.
O primeiro nome do posto foi
  Capitão Vasconcelos. Depois
  mudou para Posto Leonardo.

Tempos depois, quando Orlando
  já estava havia muito vivendo no
  Leonardo.
O governador de Mato Grosso
  começou a distribuir a nossa terra.[1]
A notícia chegou para Orlando.
Isso o deixou preocupado.

Orlando mandou chamar os
  Kuikuro.
Na ocasião, Tagukagé Kuikuro
  estava no Leonardo.
Foi ele quem foi chamar os Kuikuro
  em Alahatuá.
À tarde, chegou na aldeia e foi
  direto para a casa de Nahū:
— Por que você está aqui?
— Mano, nossos avós não estão
  sendo bons conosco.

*Kagaiha heke leha
kukihenkgutagüko
kungongogukopeki.
Eitigi hüle igei uhumipügü
kutāupügü heke hekiteha isakisü
tatomiha eheke.
Ingikege hōhō.
— Ehẽniküle, umã ekubetsü.
Osi kigekepapa tigati kũdzagake.*

*Ãtibeha isinügüko leha Alahatuá
tongopengine pakina.
Aiha, etībelüko leha pakina Olādu
kilü leha Nahũ heke:
— Nahũ!! Jahe egete euhitsagü higei
uheke.
Mato Grosso anetügü heke
leha akatsange tikumeti igepe
ongongogukope.
Uangapaha einhünkgoingo,
uangapaha eüilükoingo ihekeni.
Ongongoguko upügü akatsange
angiha egete Kugitihu huta.
Ineneha upügü angi Jauagute.
Jahejiha etimokitüe ina leha,
kagaiha etsagü akatsange egei leha
egena.
— Ehẽniküle, inhalü akatsange
tisakiti egea tisüilüi kagaiha heke.
— Ihata atsange hōhō amagokugi
inha.*

*Ãtibeha ogopijü leha Alahatuána.
Etībelü leha. Ülepei leha etelü leha
hugõbonga kugeko inha ihatigi.
Tita leha ihatagü iheke inhani.*

Os caraíbas estão tomando a
nossa terra.
Nosso avô mandou te chamar
para você escutar bem o que
eles dizem. Por favor, venha
comigo.
— Puxa, é mesmo? Vamos logo
para lá.

Da aldeia Alahatuá, foram para o
Posto Leonardo.
Chegaram. Orlando disse:
— Nahũ, venha logo, estou te
procurando.
O governador do Mato Grosso já
distribuiu a terra de vocês.
Não sei como vocês vão ficar,
não sei o que eles vão fazer com
vocês.
O limite da terra de vocês é a
boca do rio Curisevu. Para cá, o
limite é o Diauarum.
Vocês devem se mudar logo daí,
venham para cá, os caraíbas já
estão chegando aí.[2]
— Nós não estamos gostando do
que o caraíba está fazendo com
a gente.
— Depois vai lá e conta para o teu
povo.

Então Nahũ voltou para Alahatuá.
Lá chegando, foi ao centro da
aldeia para contar a todos. Ele
estava contando tudo para eles.

— *Unama igei kutelükoingo?*
Enene akatsange egei kutāupügüko
heke kupumitagüko.
Tapitsi kutegokomi.

Ātibeha sinünkgo leha Tago Üngüna.
Ahitsoni gehaleha Kalapalukope
etimokilü tüitukotongopeinhe.
Kahĩdzu gitalogupe egitsukeilüte
leha etimükeilüko:
— *Áàhh!! Tsũei leha iniluko*
tüitukope hüngüngü leha ihekeni.

Etetagüko hegei leha Tago Üngüna.
Olādu hekeha ingetühügükoi leha.
Aiha tigati leha Kuhikugu otomo
etĩbelü.
Tatute leha tikinhü etuhutelü tigati.
Kuhikugu, Kalapalo, Aurá,
Kamajula, Aütü, Menaku, Uagitü
Hütü, Jagamü.
Tatute leha kotühüngüi leha itsako
itita.

Aiha Nahũ heke leha anetaõ hogijü
tita Takumã Kamajula, Lakujaua
Auga, Sagiguako tühisü ake
Kahanahatü ake, Mapukajakaha,
Igó Aütü, Ajugua Meinaku
Tatute leha ünago ake leha ikĩduko
leha.
— *Olādu, angolo niküle igei*
tisihenkgutagüi leha kagaiha heke?

— Para onde nós iremos?
— Nosso avô está nos aconselhando
a ir para baixo, para descermos o rio.

Então eles foram para a Casa da
Ariranha.
Ao mesmo tempo, os Kalapalo
se mudaram para longe de seu
território.
Quando estavam fazendo a curva
no final da reta de Kahĩdzu, eles
olharam para trás.
— Buááá!
Choraram muito, sentindo falta de
sua terra.

Os Kuikuro já estavam indo para a
Casa da Ariranha.
Tinham sido chamados por Orlando.
Os Kuikuro chegaram lá.
Todos os povos do Alto se reuniram
lá.
Kuikuro, Kalapalo, Waurá,
Kamayurá, Aweti,
Mehinaku, Jagamü e Matipu.
Estavam todos cheios de tristeza.

Nahũ se encontrou com os chefes
Takumã Kamayurá, Malakujauá
Waurá, Sariruá Yawalapiti e seu
irmão mais novo, Kahanahatü,
Mapukayaka Iró Aweti, Ajugua
Mehinaku.
Todos eles queriam entrar na luta.
— Orlando, é verdade que os caraíbas
estão tomando a nossa terra?

— Üle hinhe hegei ese Ahagu
humitagü uheke.
Itsalü inha ekugu hõhõ etetomi
Brasíliana.
Inhalü tsükingi ila gele tsale egei
ngikogo inhümingo nügü tatomiha
iheke.
Inkona ngapaha ngikogo
inhümingoha:

Üle ihanalü leha Nahū heke
tetihuguki leha tatute inhalüko:
— Nahū hekeha egei
kukinhankgilükoingo Aigaminá
kitagü leha.

Lepene leha Ahagu telü leha
Brasíliana.
Aitsiha isemanatilü tita üle uētagü
ihekeni.
Ülepe tühangangi leha itsagüko
akinha hangamitagü ihekeni.
Pape etībengalü.
Papei gele hüle atai uāke.
Inhalü uāke gele hajui.

Aiha Olādu kilüha:
— Aminga atsange ahijão enhümingo,
ahijão enhümingo.
FAB ehugu enhümingo atsange
aminga Manausuna.
Kunhitai ülepe ata Ahagu enhügü.
Aminga hūda leha nhütegagü.
Tühahangi leha atamini nhütegagü.
Mitote ekugu gele nhütegagü FAB
ehugu tokaga ata:

— Para saber isso, estou
mandando Álvaro para Brasília,
para que ele entenda o que está
acontecendo, para ver como
ficarão os índios daqui para a
frente.
Não sei como será o futuro de
vocês.

É isso o que Nahū traduzia para
eles. Eles ficaram pensativos.
— O Nahū vai nos salvar — dizia
o chefe Aigaminá.

Depois Álvaro foi para Brasília.
Ele ficou uma semana por lá.
O pessoal ficou esperando
ansioso pela história, pela
chegada de um documento. Era
no tempo do papel, ainda não
tinha rádio.

Até que Orlando disse:
— Depois de amanhã, o avião vai
chegar. Vamos ver. É o avião da
FAB que está indo para Manaus.
Álvaro deve vir nele.
No outro dia Álvaro pousou.
Eles aguardavam o pouso
ansiosos.
Pela manhã bem cedo o avião
Douglas, da FAB, finalmente
pousou.

— *Aĩde akatsange ahijão leha!*
Búrúrú... Lá leha etelüko.
Kigitaila leha tsũei itsagüko.
Ah inhütelü leha, sagentu heke leha
    ahumitsilü bisukü.
Üle hata Ahagu ihatilü ahijão
    atalüpeinhe.
— *Angiii?*
Igia leha tinhatügü tüilü iheke,
    tinhatügü hokügijü leha iheke.
— *Inhalü makina kukihenkgulükoi!*
Búúúú... tigi tigi tigi lá leha etelüko.

Aiha Aigaminá kilü leha Nahũ heke.
— *Amago, inhalü tapisti kutelükoi.*
Egena gele kigeke Ahangi Tahati,
    Ipatsena.
Aiha ülepe ihanügü leha Nahũ heke
    Olãdu inha:
— *Olãdu, inhalü akatsange anetaõ*
    akiti tapitsi titselüi.
— *Nahũ, ongonguko upügü angi*
    egete Kugitihu Huta. Kagaiha
    engü leha egei enene.
Üle hata geleha Alahatuá otomo
    enhügü tigati.
Ititatsüha Útu atai, Lapija, Kaiápo,
    Jauhé, Lísinhü, Janua, Susiga
    laha atamini.
Ünagope ihenkgulüinha leha
    etimokilüko.

Aigaminá kilüha ihekeni:
— *Ande akatsange ina*
    tisetimokitagü.
Aileha Olãdu heke titsipügü.
— *Tanĩbüle, ekuatsange.*

— Pronto, aí está o avião.
O pessoal foi correndo para a pista.
Eles estavam muito preocupados.
O avião desceu, o sargento abriu
    a porta.
Então Álvaro saiu de dentro do avião.
— E então?
Ele fez assim com a mão, querendo
    dizer que não ia acontecer nada.
— Não vão tirar a nossa terra!
Gritaram muito e pularam de
    alegria.

Aí então, o chefe Aigaminá disse
    para o Nahũ.
— Cunhado, não vamos descer mais.
Vamos ficar ali em Ahangitahagü,
    próximos à lagoa de Ipatse.
Nahũ contou isso para Orlando:
— Orlando, os chefes não querem
    continuar a descer o rio.
— Nahũ, o limite da sua terra é ali
    na boca do Curisevu, para lá já é
    do caraíba.
Mesmo assim, o pessoal de
    Alahatuá foi para perto de Ipatse.
Lá já moravam Útu, Lapijá, Kajápo,
    Jauhé, Lísinhü, Januá e Susiga.
Eles tiraram esse pessoal ao
    se mudarem para lá, mas era
    terra deles.

Aigaminá disse-lhes:
— Nós estamos nos mudando para cá.
Já falamos com Orlando.
— É mesmo? E nós, como vamos
    ficar?

Uãtĩbüle tsinhümingo leha?
— Egetüeha Olãdu inha eituko
ihatomi iheke einhani.

Atangekoha etelüko leha Olãdu inha
ituko ihatomi:
— Olãdu, Kuhikugu otomo heke
atsange igei tisihenkgutagü
tisitupeki.
— Eniküle, telonaha egetüe leha.
Titaha leha Takumã õu Uakukuma
Kamayula heke leha ituko ihanügü:
— Egena egetüe Magijapena.
Tigati leha etelüko.

Kalapaluko itu ihanügü leha
Kamayulako heke Takumã heke
Uakukuma ake.
— Egena egetüe Aihana.
Ɉatsitsüi leha etimokilüko inhalüha
kuminhangotsei.
Ülepei leha Alahatuá otomo itsagü
ĩde tamitsi Ahangitaha.

— Vão lá falar com Orlando para
ele indicar o lugar de vocês.

E lá se foram para Orlando indicar
o local.
— Orlando, o pessoal do Kuikuro
está tomando nosso lugar.
— Vocês podem ir para outro lugar.
Takumã e Uakukuma Kamayurá
indicaram, então, onde seria o
lugar deles.
— Vocês vão para Marijape.
E para lá eles foram.

Takumã e Uakukuma indicaram
também a aldeia dos Kalapalo:
— Vocês podem ir para Aiha.
Coitados, eles se mudaram sem
comida.
O pessoal de Alahatuá ficou muito
tempo lá em Ahangitahagü.

Kajapiko imokipügü

*Ami gehale etelü Leonaduna tita
gehaleha Kajapi hogijü iheke.
Kohotsi nhambüa leha atai Pepüri
etībetagü Leonaduna.
Olādu heke leha Nahū ingenügü:
— Nahū, ãde atsange Kajapi
etībetagü.*

*Tita leha Pepüri heke tügühütuko
ihatagü Olādu inha.
Tuelükoha seringueiro heke ihatagü
iheke.
Üle hinhe leha Olādu heke
ingenügüko Xingu atati leha
sitokomi.
Sotünkgijü leha atsanügü heke.*

*Aiha Olādu heke leha Nahū
ingenügü Kahanahatü ake:
— Nahū, Kanatu, angikaha
Kajapiko epolü leha Xingu atati?
Tsūei leha kagaiha heke tüetagüko.
Angikaha akitini ina ingingüko
uheke?
— Osi aingo tsahegei, isitokomiha,
Nahūko kilü leha Kahanahatü ake.*

*Telokoha anetaōko inhalüha isakitini
ina kupujatini Kajapiko enhügüi.
Nahūko ülegüi leha Olādu heke
inginügüko.*

A transferência dos Kayabi

Em outra viagem para o Leonardo,
Nahū se encontrou com os
Kayabi.[3]
Já tinha escurecido quando
Prepori chegou ao Leonardo.
Orlando chamou Nahū.
— Nahū, chegou um Kayabi aqui.

Prepori relatou a situação de seu
povo para Orlando.
Disse que eles eram mortos por
seringueiros.
Por este motivo, Orlando os
chamou para virem para o Xingu.
Ele ficou com pena deles.

Então Orlando chamou Nahū e
Kanatu:
— Nahū, Kanatu! Será que os
Kayabi podem entrar no Xingu?
Os caraíbas estão matando eles
direto.
Será que vocês topam que eu os
traga aqui?
— Está bem, deixe que eles
venham — disseram Nahū e
Kanatu.

Outros chefes não gostaram de ter
os Kayabi entre nós, Xinguanos.
Nahū e Kanatu mandaram
Orlando trazê-los.

Teloko anetaõko heke leha
 tüihesũdagüko.
Üle hata geleha Kajapiko enhügü
 Olãdu heke leha inginügüko.
Egea uãke inhügüko.

Os outros chefes acharam ruim.
Mesmo assim, Orlando trouxe
 os Kayabi.
Foi assim que aconteceu.

Anetãoko etuhutepügü

*Aiha Olandu heke leha anetaõ
ingenügü postuna.*
Üle ihatomiha iheke anetaõ inha.
*Tatute leha anetão eutuhutelü tigati
postuna.*
Aibeha isakitsüdagü leha tita.
*Ĩdeha tütenhüpe anetaõ, Nahũ,
Külahi, Aíku, Ahukaka,Tapata.*

Meinakuiha Ajugua imuguha Münãi.
*Kalapaluiha Pogogo, Tafukumã,
Matsigapaha, ihisumiko.*
*Uagihütüiha Lapijá, Útu, Lísinhü,
Janua lá.*
Kamayuaila Takumã, Ugutsukuha...
*Augaiha, Lakujaua, Kamalá,
Atamãi, ihisumiha.*
*Aga Hütüiha, Kanatu, Sagigua,
Mapukajaka, Agitana, Pirakumã.*
Aütüiha, Igóha tü ngapa uãke ike.
Txicãuiha Melobô, Karaiuá.
Kajapiha, Pepüri...
Jurunaiha, Da'akoha.
Jukahamãikoha Oroni betsüha.

Aibeha isakitsundagüko leha.
*Aitsingoi leha isitügü inhügü leha
kagaiha lopetomi ihekeni.*

Encontro de chefes

Orlando chamou os chefes para
o Leonardo. Queria contar as
novidades.
Todos os chefes se juntaram lá
no Posto.
Lá estavam eles reunidos para
conversar.

Aqui do Kuikuro foram vários
chefes: Nahũ, Külahi, Aíku,
Afukaká e Tabata.
Dos Mehinaku foram Ayurua e o
filho dele, Münãi.
Dos Kalapalo, Pogogo, Tafukumã,
Matsigapa e outros mais.
Dos Nafukua, Lapijá, Útu, Lísinhü
e Januá.
Dos Kamayurá foram Takumã e
Urutsuku.
Dos Waurá, Malakuyauá, Kamalá,
Atamãi e outros mais.
Dos Yawalapiti, Kanatu, Sagiguá,
Mapukaiaka, Aritana e Pirakumã.
Dos Aweti foi Iró e não sei quem
mais.
Dos Ikpeng, foram Melobô e
Karaiuá.
Dos Kayabi, Prepori.
Dos Juruna, Da'á e outros.
Dos Txucarramãe, estava Raoni.

Eles se reuniram para conversar.
Todos ficaram unidos, uma só
cabeça, para enfrentar os caraíbas.

— *Inhalü ina enhünkgoi anginaha epolüko ina eholüko leha tiheke, Janua kitagü leha.*
Tükotinhü tisugei apiholüko leha tsiheke.
Unatima leha tisinhango uhinhalü tsiheke.
Tatute leha egea nügü ihekeni.

Ülepe ihanalü leha Nahū heke Olandu inha.
Aiha Nahū kilü leha Olandu heke kagaihai:
— *Nós não vamos aceitar civilizados perto de nós. Senão eles vão acabar com a nossa cultura. Nós não vamos aceitar que os civilizados se aproximem da nossa terra. Não quero deixar nossa terra na mão do civilizado. Nós que somos os donos da terra, vocês não. Se acabar a terra, nós vamos morrer de fome, nós não vamos mais fazer festa. Precisamos do rio para procurarmos nosso alimento. Sem peixe, nós não vamos mais sobreviver. Não podemos viver sem a floresta. O nosso território tem que aumentar ainda mais. Para mim, ainda está muito pequeno. Daqui para a frente, a nossa população vai aumentar quando chegar a nova geração.*
Egea leha nügü iheke Olandu heke.
— *Tisügühütupe imokiholü leha iheke nügü leha iheke.*
— *Angolo hegei augundagüko hüngü higei Olandu kitagü leha iheke*

— Não venham aqui. Se vocês vierem aqui, nós vamos matar vocês — disse Janua.
— Nós somos bravos. Podemos matar vocês.
— Onde nós vamos procurar nosso alimento?
Todos eles falaram assim.

Nahū traduzia para Orlando. Então, Nahū disse assim para Orlando, em português:
— Nós não vamos aceitar civilizados perto de nós. Senão eles vão acabar com a nossa cultura. Nós não vamos aceitar que os civilizados se aproximem da nossa terra. Não quero deixar nossa terra na mão do civilizado. Nós que somos os donos da terra, vocês não. Se acabar a terra, nós vamos morrer de fome, nós não vamos mais fazer festa. Precisamos do rio para procurarmos nosso alimento. Sem peixe, nós não vamos mais sobreviver. Não podemos viver sem a floresta. O nosso território tem que aumentar ainda mais. Para mim, ainda está muito pequeno. Daqui para a frente, a nossa população vai aumentar quando chegar a nova geração.
Assim ele disse para Orlando.
— Eles vão mudar nosso costume.
— Isso é verdade, vocês têm razão mesmo — concordou Orlando.

Pape pila ikīdühügü

Ahangitaha leha atamini tipaki
geleha Nahū tetagü Olandu inha.
Olandu legindigi ngongo
hünetühügü kae.
Nhatüi ungui isüngüngalü aigehale
etengalü itigati.

Ami leha akinha etībelü ngongo
huhitsipügü ihanügü leha.
Kungongoguko agitügü epuhitsijü
hegei leha Tangugu hugati leha.
Tsuēi leha üle heke tügekuili leha
tüilüko.

Aiha Nahū kilü leha Olandu heke:
— Olādu eke atsange igia
tinhongogu inhalü aitsükü
ihuhitsitsomi.
Ihuhitsitse aitsükü egena itsomi.
Ilainha leha igei tisaküanümingo
ünagope ituti leha tisinhümingo.
— Eniküle aingo hegei isagage hegei
ukilüingo.

Aiha, ülepe uētagü leha iheke
tamitsi.
Engihō leha ihanügü ihuhitsipügü
lcha cgcnaha Ajuaga hugati.
Taloki gele hōhō uāke egei tüipügü
itsagü.

Api Nahū kipügü tatute kupeheni.
— Langope igei uikīdühügütiha
einhani uhijão.

Lutando sem documentos

Quando estavam em Ahangitahagü,
Nahū sempre ia falar com Orlando
para perguntar sobre o aumento
da terra.
Passavam-se cinco dias e ele voltava
a cobrar novamente.

Tempos depois, chegou a notícia
de que tinham aumentado a terra
demarcada.
O limite da nossa terra aumentara
até a margem do rio Tanguro.
Isso os deixou muito contentes.

Nahū disse para Orlando:
— Orlando, nossa terra não pode ser
pequena assim, tem que aumentar
mais. Amplie o limite para lá.
Daqui para a frente, nossa
população vai crescer e vamos
precisar de mais espaço.
— É mesmo. Está bem, direi isso.

Depois, ele esperou o resultado por
muito tempo.
Algum tempo depois, Nahū
recebeu a notícia de que o limite
fora levado até a boca do rio
Ajuaga, afluente do Culuene.
Mas não era para valer, ainda não
estava assinado.

Meu avô Nahū disse para todos nós:
— Foi assim que eu lutei por vocês,
meus netos.

Andeha einhakugulatini leha
atühügü.
Ahütüha Kagaiha inha tunümingola
ehekeni kotsi atsange eitsüe.
Ungongu tale igei kangamuke uge
tale otoi rsrsrs… itigu.
Inhalüha kagaiha inha
etunünkgoingoi tisagagepüa
atsange eitsü gele.
Aitsingoi geleha egitügü itsagüingo.
Tahokiaka amago ilainha leha pape
ake leha tikĩdinhüingo.
Papepila gele hegei uikĩdühügütiha,
tisikĩdühügütiha.
Kotsiha kagaiha lopenümingo
ehekeni uhijão.
Egea tsügütse uhijão.

Agora está nas suas mãos.
Não cedam aos caraíbas, fiquem
fortes.
Garotada, esta é a minha terra.
Eu sou o dono rs rs rs rs.
Não se entreguem para os caraíbas.
Vocês têm que seguir a nossa luta.
A cabeça de vocês tem que ser
uma só.
Daqui pra frente, vocês vão lutar
com documento.
Eu lutei sem documento, nós
lutamos.
Meus netos, vocês têm que ficar
fortes para enfrentar os caraíbas.
Era só isso que eu queria dizer,
meus netos.

Atigianu tuhunkgetinhügü

Aitsi etepügüko isuanügü leha atenge gehaleha etelüko.
Nahũ, Sesuaka, Jakalu, Hugasa, Yamunua laha etelüko.
Ĩdongopeinheha etelüko atüpongopeinhe.
Apitsilüko leha Kuluene kae.
Atengebeha etelüko ehuata.

Tatakegeniha isünkgülüko etĩbelüko leha Jauaguna.
Enkgulüko leha tigati.

Aiha, etelüko leha Kalauju inha.
— Atütüi ekugu hegei enhügü.
Ago itsagü akatsange igei tigenikoti eituna, agoha tilakoha isaküngĩduko.
— Eniküle?
Kalauju heke leha ingenünkgo
— Adriano, Jesco, Nahũha esei itagĩbakitüeha üngele.
— Como vai, Nahũ? Eu sou Adriano, ele é o Jesco. Somos estrangeiros.
— Ãde akatsange akinha Kalauju kilü.

— Etetagü akatsange hõhõ igei Brasíliana motor ihipütelüinha.
Üle ata leha hüle etelükoingo leha eitukona.
Jesco Pupula kilüha.

As nucas quebradas de Adriano

Passado um tempo da viagem para o Diauarum, eles foram de novo até lá.
Foram Nahũ, Sesuaka, Jakalu, Hugasa e Yamunuá Ipi.
Eles saíram daqui do porto e desceram o rio Culuene.
Lá se foram, de canoa.

Passaram-se quatro noites e eles chegaram ao Diauarum.
Lá eles aportaram.

Pronto. Depois foram falar com Cláudio:
— Oi, Nahũ, que bom que você veio. Tem um pessoa querendo um guia para ir até a tua aldeia. Eles são três.
— É mesmo?
Cláudio os chamou.
— Adriano, Jesco, este aqui é o Nahũ, podem cumprimentá-lo.[4]
— Como vai, Nahũ? Eu sou Adriano, ele é o Jesco. Somos estrangeiros.
— Eles têm novidade — disse Cláudio.

— Adriano ainda vai para Brasília para comprar o motor. Com ele vamos para a tua aldeia — disse Jesco Bubula.

— *Huuum, uakitingoale ngikogo
gikegüi.*
*Isakitiha tsuẽi ngikogo gikegü,
kangamukei tsetsebetsüha atai gele.*
Igehunguha safona ihisale geleha.

*Aiha, aminga hũda leha Atigianu
etĩbelü bele.*
*Ahijão ataha nhütelü FAB ehugu ata,
kaküngiha ngiko inginügü iheke.*
Kalauju kilü Nahũ heke.
— *Nahũ, aminga atsange leha
eugonkgulükoingo.*

*Piuniha motoristai, ihitsüha ike
Kajulu, Butão Kajapiha Piuni
otohongoi.*
*I akipügüha Kajapiko heke égea
ekuguha.*
Ãdeha guendon, guendon pokü.
*Kogetsingo igoti otongitelüko
ahugutilüko geleha.*
*Aminga hũdaha leha aiha mitote
nügü iheke.*
Atigianu kilü:
— *Nahũ, osiha keteha, kekegeha,
eitunaha kete Kuikuruna*

*Pokü pokü... Tútútú... Ãtibeha
ugonkgulüko leha Jauagu
tongopeinhe.*
*Tuakunape etsĩbükilü hata tsetse
leha.*

— Huum, eu adoro cheiro de índio!
Ele gostava muito do cheiro de
índio quando ainda era rapaz novo.
Ele andava tocando sanfona.

Pronto. Aí Adriano voltou da
cidade.
Ele chegou no avião da FAB,
trazendo muitas coisas.
Cláudio disse para Nahũ:
— Nahũ, depois de amanhã, vocês
já vão subir.

O piloto do barco era Piuni. Com
ele vinha sua esposa, Kajulu.
Butão Kayabi era seu assistente.
Os Kayabi tinham feito uma canoa
bem grande.
Nela colocaram o motor de popa
com guidão.
No dia seguinte, ficaram
arrumando suas coisas até
escurecer.
No outro dia pela manhã, Adriano
disse:
— Nahũ, vamos embora para
sua aldeia, vamos para a aldeia
Kuikuro.

Entraram todos na canoa e
deixaram o Diauarum subindo
o rio.
Estava se aproximando o final da
época da chuva.

*Ülepei leha sinügüko leha ila geleha
isünkgülüko.*

Eles vieram e dormiram no
caminho.

*Ehu alüpeinhe gele hegei kujui heale
gele Atigianu etsagü.*
*Kugipisi kaeha tupuleti tupuleti lá
tuhugu kujui.*
*Üle heale hegei Atigiano etsagü ah
tuãkuati leha ihunkgingalü.*
*Inhalüha ekisei inegetutsei ige ingugi
gele hegei etengalü itigi tuãkua.*
Ohongo enhalü úúúhh dookü…
Upatsakü, ata.

Enquanto viajavam na canoa,
Adriano atirava nos jacus.
Havia muitos jacus nos galhos de
embaúba.
Adriano atirava e os jacus caíam na
água.
Ele não tinha medo de entrar na
água para buscá-los.
Quando um pato passava pum pum,
logo caía. Muito bom.

*Takikoha ilá gele isünkgülüko,
tütükitsama ugonkgutako.*
Kogetsi hũda ãti gehaleha.
Ĩdeha giti atai mügenena etĩbetako.
Piuni kilü:
*— Dzikingetomi nihõhõ motor ehu
etuõlü kenhi.*
Lepene leha isinünkgo leha.

Dormiram a segunda noite. Eles
vinham subindo o rio devagar.
No dia seguinte, continuaram.
Ao meio-dia, chegaram no Morená.
Piuni falou:
— Eu vou trocar o óleo do motor,
senão ele vai estourar.
Depois seguiram adiante.

*Kohotsiha etĩbetako Tühatühagü
hugati.*
*Titaha kaküngi kagaihako hogijü
ihekeni kugeko gehale tsuẽi.*

No final da tarde, chegaram à boca
do rio Tuatuari.
Lá, encontraram muitos caraíbas e
também muitos índios.

*Paranaha isanetügüikoi Tühatühagü
anetügüi.*
Aitsüküha ngiko tüde.
*Leonadupe opokinetühügü atai
hõhõ egei.*
*Üle hata hegei Münai Meinaku
anetügü etĩbetagü kagaiha
tongopeinhe.*

Paraná era o chefe do Posto Tuatuari.
Ele dava muitas coisas de presente.
Na época o Posto Leonardo estava
abandonado.[5]
Naquele dia, Münai, o chefe dos
Mehinaku, estava chegando da
cidade.

173

Ĩbutategomi hüle egei itsagü.
Sarãpo ẽbalüle ãde leha itsae leha.

— Nahũ, inhalü atsange ĩde
kukünkgülükoi, Atigianu kilü.
Künkgüpügüko atai kenhi ago
heke ngikope ĩbilü.
— Ilaha telona kegituategake.
— Ekü gehale kugiheke heke kenhi
eihenünkgo.
— Osi aingo hegei, telona kigeke.

Atengeha ugonkgulü leha.
Magijape enkgutohona tigati leha
egituatelüko.
Piuni heke leha ala tüilü tikongo
ake.
Tita leha isünkgütako.

Aiha kogetsi hũda leha mitote:
— Uitaginhũdomi nihõhõ uituna
Atigianu kilü hegei.
Haju kusügü atenagü hagatelü leha
iheke.
— Humm, apaju ügünũdagü
makina igei, nügü iheke

Ülepene leha otongitelü gehale.
Ãtiha ugonkgulü gehale.
Tetingugi giti ake etĩbetagüko Á na
Alahatuá enkgutohona.
Ĩkonaengo ngapale uãke ekitsei
ihoginhikoi.

— Opü, Nahũ etsako gelekaha igei?
— Ẽẽ gele tisetsa begele.

Ele tinha ido fazer tratamento de saúde.
E lá tinha sido contaminado por
sarampo.

— Nahũ, não vamos dormir aqui.
Senão vão roubar nossas coisas
enquanto estivermos dormindo —
disse Adriano.
— Vamos acampar então em outro lugar.
— E tem outra coisa, aqui corre-se o
risco de pegar uma doença.
— Está bem, vamos para outro lugar.

Lá se foram subindo o rio. Acamparam
no porto do Marijapé.
Piuni preparou a janta com o
parceiro dele.
Lá eles dormiram.

Pronto, no dia seguinte de manhã,
Adriano disse:
— Deixe eu ligar para minha casa.
Ele montou a antena do pequeno
rádio.
— Humm, meu querido pai está doente
— ele disse.

Depois, ele arrumou suas coisas de
novo.
Lá vieram eles subindo o rio de novo.
No final da tarde, chegaram em Á,
porto da aldeia de Alahatuá.
Não sei quem foi que os encontrou.

— Quanto tempo, Nahũ. Vocês estão
chegando?
— Sim, nós estamos chegando.

*Āde akatsange kutãupüão ingitagü
uheke kukitukona kukingilükoinha.*

*— Eniküle aingo hegei.
— Kitse atsange anetaõ heke
inhengikogu itigi isitokomi okogetsi
mitote.
— Aingo hegei isagage hegei
isakihalükoingo uheke.*

*Ātibeha sinügü leha etena, etībelü
ngapaha leha etena:
— Angi atsange kagaiha etībepügü
katüpongani.
Kupinhanoko Nahũ hekeha ingitagü
kukingilükoinha.
Anetaõ atsange isakihake nügü iheke
uheke.
Okogetsiha kutegokomi
inhengikoguko itigi nügü iheke.
— Eniküle aingo hegei.
Aiha kohotsi leha anetü Aíku itaju
leha.*

*— Küngamuke, küngamuke
okogetsi akatsange kutelüikoingo
kutãupüãoko engikogu itigi
atüponga.
— Aingo hegei okogetsi kutegamini
búúúúh…*

*Atüpo geleha isünkgülüko.
Kogetsi hũda mitote atangekobeha
kugeko telü kagaiha engikogu itigi.
Etihũbekutunguho Kuhikugu telü
pururu…*

Estou aqui trazendo nossos avós
para a nossa aldeia. Para eles nos
conhecerem.

— É mesmo? Que bom.
— Diz para os chefe que é para
buscar as coisas deles amanhã de
manhã.
— Está bem, assim mesmo eu vou
dizer para eles.

Aí a pessoa voltou para a aldeia e
disse:
— Chegou caraíba lá no nosso porto.
Nosso irmão mais velho, Nahũ, está
trazendo-os para nos conhecer.
Avisa aos chefes, foi o que ele me
disse.
Amanhã nós iremos carregar as
coisas deles, ele me disse.
— É mesmo, está bem.
À noite, o chefe Aíku fez o anúncio
na praça:

— Crianças, crianças! Amanhã
vamos ao porto carregar as coisas
dos nossos avós.[6]
— Está bem, amanhã iremos!
E gritaram confirmando, como
de costume.

Enquanto isso, os viajantes
dormiram no porto.
No dia seguinte, bem cedo, as
pessoas foram buscar as coisas dos
caraíbas.
Eles foram pintados de carvão.

Ese tsügütse ngipima hüge tohoila
nhipini tuhugu tahaku.
Atigianuha, Luisiha, Jescoha tilako:

— *Etsakobegele.*
— *Ẽẽ gele ãde begele tisetsagü.*
Ãde atsange kutãupüãoko etsagü
tisake kukingilükoinha.
— *Aingo hegei lapapa sitamini.*
— *Osiha kigeke.*

Aitsini leha nhengikogupe ipoïjü leha
ihekeni, ti, ti ti, ti...
Hãpuga giti atai etībetagüko
Lahatuana.
Anetü Aíku heke leha ijopenünkgo.

— *Adriano, este é Aíku, o chefe da*
aldeia.
— *Como vai?*
— *Vocês vão ficar na casa dele.*
Aíku üngati leha Nahũ heke
ihumilüko.

Anetükope hakagoi Aíku, Ahukaka,
Majauagi, Jahitsija, Hopí,
Aigaminá, Huaku.
Ihisumiko uãke anetaõ Lahatuate.

Nahũ itagĩbakilü leha Luís heke.
— *Etsagü gele jaja?*
— *Ẽẽ gele ãde gele uetsagü.*

Aiha ülepei geleha tengikogu
ikumenügü Atiriano heke.
Hotuguiha Majauagi inhaha
tuhunkgetinhü tunügü iheke.

Nenhum deles foi sem flechas, cada
um levou seu arco e suas flechas.

Eram três caraíbas: Adriano, Jesco
e Luís.
— Nahũ, vocês estão chegando?
— Sim, ainda estamos chegando.
Estão aqui comigo nossos avós para
nos conhecer.
— Ah, que bom, deixa eles virem.
— Então vamos lá.

Cada um carregou coisas deles,
caminhando até a aldeia.
Ao meio-dia chegaram a Alahatuá.
O chefe Aíku foi ao encontro deles.
— Adriano, este é Aíku, o chefe da
aldeia.
— Como vai?
— Vocês vão ficar na casa dele.
Nahũ mandou-os se hospedarem
na casa de Aíku.

Eram vários chefes na aldeia
Alahatuá: Aíku, Afukaká, Majauagi,
Jahitsija, Hopi, Aigaminá, Huaku.

Luís veio cumprimentar Nahũ.
— Meu irmão mais velho, você está
chegando?
— Sim, agora mesmo estou chegando.

Em seguida, Adriano começou a
distribuir as coisas dele.
Primeiro, deu uma "nuca quebrada"
[espingarda] para Majauagi.[7]

176

Epetuho epetuho Alahatuáko tetagü.
Nahũ inhaha tuhunkgetinhü tunügü
iheke.

Itige tunügüha iheke Hopi inha,
anetaõ inha tuhugu ngiko tũdagü iheke.
Kamisa tunügü iheke, taho, itsusügü,
ügü, inhotigüha, sobõu, tuã, hengi, ü
lá tuhugu.
Tatute leha kugeko inha ngiko
ikumenügü iheke.
Tilakoha sünkgülü Alahatuáte aiha
sinügüha.

— *Nahũ, hakingo niküle Kalapalu itui,*
Atigianu kilü.
— *Opü akatsange, hakingo tsetse*
akatsange egei.
— *Ngikona atsange atai tigati*
utelüingo.
— *Ẽhẽ, eteke apatsange.*

Luís, kutãupügü atsange itsügitse,
igeta atsange üngele, aja upegenkgitai
hõhõ.
— *Osipapa, aingo hegei isagage hegei*
uinhümingo.

Atangekoha Kalapaluna.
Ihisumiha kugeko telü ikeniha
nhengikoguko ipoinhi.
Ilá leha Alahatuá ima leha
inhengikogukope ankgiale leha
etetako.
Kubetupe ĩbiale leha, itigepe tuhugu
leha.

O pessoal de Alahatuá gritou de
alegria.
Depois deu uma espingarda para
Nahũ.

Para Hopi, ele deu uma rede.
Deu coisas para todos os chefes.
Deu camisetas, facão, faquinha,
anzol, linha, sabão, espelho,
tesoura, machado.
Ele distribuiu suas coisas para
todo mundo.
Ele dormiu três noites em
Alahatuá e partiu.

— Nahũ, a aldeia dos Kalapalo
é longe daqui? — perguntou
Adriano.
— É longe, um pouquinho longe
daqui.
— De repente, dou uma passada
por lá.
— Está bem, pode ir.

— Luís, acompanhe o nosso avô,
leve ele para lá, eu vou descansar
um pouco.
— Está bem, eu vou fazer isso.

Lá se foram eles para a aldeia
Kalapalo.
Várias pessoas os acompanharam
para carregar as coisas deles.
No meio do caminho, porém,
eles foram roubados. Roubaram
cobertor, rede de dormir e outras
coisas mais.

Amutu hekisei ĩbigatinhi, Matüha,
Tugupe lá tuhugu.

Foram Amutu, Matü e Tugupe que
fizeram isso.

Ülepei leha etelüko leha
ugonkgulüko leha.
Opisale hegei etelüko Kahĩdzuna.
Tüengikogupe uhitsa übege ihekeni
inhalü leha uama polü.
Jesco itaginkgitsa leha iheke, egea
geleha Atigianu heke ingitagü.
— Ige tomila tale igei tisetsagü
einhani,
tama igia tisüingalü ehekeni, tá leha
iheke Luís heke.
Atigianu heke geleha ingũdagü

Continuaram a subir o rio.
Foram até Kahĩdzu e voltaram no
mesmo dia.
Procuraram em vão suas coisas. Não
acharam nada. Fazer o quê?
Jesco ficou reclamando, Adriano
lamentando.
— Não esperávamos que vocês
fizessem isso conosco, vocês não
podiam ter feito isso — falava para
Luís Kuikuro.
Adriano aguentou e ficou quieto
sem reclamar.

Lepene leha Kalapaluna leha
etelüko.
Aiha Tuhule Kalapalu inhaha
agühohi tünügü iheke.
Nginko muke tünügü gehale inha
iheke.

Depois, eles foram para a aldeia
Kalapalo.
Pronto. Lá, ele deu um revólver para
Tuhule Kalapalo.
Deu mais algumas coisinhas para ele.

Ülepei leha ãtikobeha ogopijü
leha üle heke leha ingukugijüko
apitsilüko leha.
Kohotsi etĩbetako Lahatuana.

Então voltaram, descendo o rio,
ainda com raiva pela perda de suas
coisas.
À tarde eles chegaram em Alahatuá.

Ülepei leha tetĩbelütsei gele Luís kilü
kugeko heke.
— Tütomitsüki kutãupüãoko
engikonkgitagü ehekeni?

Logo depois da chegada, Luís disse
para o pessoal:
— Por que vocês saquearam as coisas
dos nossos avós?

Aiha lepene leha Atigianu telü leha
etelü leha Leonaduna.
Egea atsange.

Depois disso Adriano foi para o
Posto Leonardo.
Foi assim.

Lepene tamitsi leha atai uhunügü leha uheke Atigiano Jescoko telü uãke egei Fawcett ipügüpe ingila, egeta uãke inhalü hüle Nahū heke uhunügükoi, kuhikuguko gehale.

Depois de muito tempo, eu descobri que, na verdade, Adriano e Jesco foram atrás dos ossos do coronel Fawcett. Nahū não sabia o que eles queriam, nem os Kuikuro sabiam naquela época.

c. 1963

Atanekijü kuale ülei

Aigaminá mugupe
  apüngühügüpekitüho.
Üngele hunügü leha uãke egei ihekeni
  etimokilükotsei geleha.
Ületaha hekugu hegei Tigihe Nafukua
  hinhanope etekẽitagü tuãkuati heke
  leha tuelü.

Api etinhüi Augate.
Hagitoko enhügü leha.
Menakuha, Majulaha, Augaha
  Agahütüha.
Aitsükuha geleha tikĩdi Külahiko atai
  Haitsehü Kasaha lá.

Ülepe isuanügü aitsi aiha.
Aiha ikagu leha inhani.
Ãtiha Atigianu gehale itukona Jauagu
  tongopeinhe.
— Atigianu etsagü gehale akatsange
  igei.
Hagaka inhũbata uãke hegei sitagü.

Luisiha ingitinhi Leonadu
  tongopeinhe.
Nhehugu hoguteniha takikoha
  kajapoko, Bedjaiha Kajapo õu
  Kudjüré.

Não pense que você é chefe

Após a morte do filho de Aigaminá,
  estavam fazendo um ritual para
  homenageá-lo. Isso foi após
  se mudarem de Alahatuá para
  Ahangitahagü.
Foi nesse momento mesmo que
  o irmão mais velho de Tigife
  Nafukua caiu na água e se afogou.

Meu avô estava na aldeia Waurá,
  convidando-os para a festa.
Os convidados eram os Mehinaku,
  os Kamayurá, os Waurá e os
  Yawalapiti.
Nossos melhores lutadores eram
  Külahi, Haitsehü e Kasaha.

Passara-se um verão. Aí chegou a
  notícia que Adriano estava vindo
  de lá do Diauarum para a aldeia.
— Adriano está vindo de novo.
Ele vinha na época do ritual do
  Javari.

Foi Luís quem o buscou lá no
  Posto Leonardo.
Dois Kaiapó vieram com ele como
  pilotos, Bedjai e Kudjüré.

— *Jaja āde atsange kutāupügü
etsagü.*
— *Aingo tsahegei itsügitsetsüha
üngele.*

*Isinükngo hata leha Angihupege leha
emününkgo.*
Tsuẽi leha nhengikogupe etsuhijü.

*Hunupa nakagagüpe üle inkguati
leha inhügü.*
Inhalüha etena itsomi osi nügü iheke.
Búrúrú la leha Kuikuroko telü.

Inhengikogu hegei aitsükü hekuguha.
*Igiaha timühõha hüge inginügü
iheke.*
*Etĩbelüko leha tühitsü ake hegei
sinügü igiaha ĩdisü:*
— *Ĩtüeha ĩde uāke uitsagü lepene
leha ugopijü uituna.*
Titage leha utelü otongeinha.
Ĩde ipigagü kae hüge heke igimopügü.
*Exercitupe ekisei üle atehe inhalüha
ekise hügitelüi.*
Lapagongoha uāke ihügi.

*Atigianu hekeha kagaiha engikogu
inginügü kaküngi.*
*I Iüge tuhunkgetinhü itüingi leha
Jahitsi heke leha ílü.*
— *Ketiti kuatsange hüge atanekijü
kuale ülei.*
*Üle tatagü geleha iheke inhalü itüjüi
iheke.*

— Irmão mais velho, nosso avô
chegou.
— Que bom, pode cuidar dele.

Quando eles estavam passando
por Angihupe, o barco virou.
As coisas deles molharam muito.

Adriano ficou ao lado do lugar de
banho de Hunupa. Não quis ficar
na aldeia.
Muitos Kuikuro foram lá para ver.

Ele tinha trazido muitas coisas
mesmo.
Ele trouxe dez armas de fogo.
Ele chegou com sua esposa e sua
filha ainda criança.
— Vejam, eu estava aqui e voltei
para meu país.
Lá eu fui direto para a guerra.
Ele tinha uma cicatriz na
bochecha.
Ele era do exército, por isso não
errava a pontaria.
Ele tinha uma espingarda de cano
duplo.

Adriano trouxe muitas coisas dos
caraíbas.
Jahitsija discutiu com Nahũ para
ele não ganhar uma espingarda:
— Não pegue a arma. Não pense
que você é chefe.[1]
Ele só ouviu e não respondeu
nada.

Hüge tũdagü hegei iheke.
— Nahũ, tü inhama tunügü uheke?
— Anetaõ inhaha enkguke.

Ele estava dando armas de fogo.
— Nahũ, para quem eu posso dar?
— Dê para os chefes.

Tatute leha ikumenügü iheke kugeko
ẽgiki leha etelü.
Ãdeha aitsi unkgu 36 geleha.
Üle õtagü leha egei ihekeni.
— Inhalü akualü hogiholüi uheke tá
leha ihekeni.
— Uge uitsai, Kuhija kilü leha.
Igepe inügü akatsange igei leha
uheke õtagü naleha igei ehekeni.
— Eitse tsühaleha.

Adriano distribuiu as coisas, deu
tudo certo para cada um.
Tinha uma arma de calibre 36.
Eles deixaram pra trás.
— Eu não iria conseguir bala — dizia-se.
— Deixa eu ficar com ela — falou
Kuhija.
— Eu vou pegar essa que vocês não
querem ficar.
— Pode pegar.

Itaõ ingü tünügü hegei iheke tatute
ihekenginine etelü.
Totoko inhaha ügü inhotigü tatute,
taho kusügü, tuã, hengi.

Ele deu vestido para cada uma das
mulheres.
Para os homens, ele deu anzol, linha
de pesca, faquinha, espelho e
tesoura.

Tisimokilü ihipügüi uãke egei egea
kagaiha heke tisüitagü.
Taitsitsingope hüngü egei
inhengikogui.

Era o pagamento por nossa mudança
forçada, pelo que os caraíbas
tinham feito com a gente.
Não era pouco o que ele trouxe.

Ünago ĩbata hegei hagaka
angũdatühügü kagutu angũdahugü.

Eles tinham chegado durante a festa
do Javari e das Flautas Sagradas.

Aiha ahijão enhügü hegei inhango
ünki Atiginu inhango ünki
Ihisumiha egete isünkgülü.

A comida de Adriano veio de avião.
Eles ficaram um bom tempo por lá.

Ngikogo ihanügü leha Atigianu inha.
— Ãde ngikogo Agikuangakute.
— Keke kunhigake Atigianu kilü.
Etelüko leha ngikogo ingilüinha.

Contaram sobre os índios bravos
para Adriano.
— Tem índio lá em Agikuangaku.
— Vamos lá ver — respondeu Adriano.
Eles foram lá ver os índios bravos.

*Agikuangakute leha atamini ahijão
   enhügü.
Ãtibeha ogopijüko leha.
Pape ünki hegei sinügü Atigianu
   inha.*

Enquanto eles estavam em
   Agikuangaku, chegou um avião.
   Então eles voltaram.
O avião trazia correspondência
   para Adriano.

*Aiha aminga hũda atange gehaleha
   Agikuangakuna.
Jakaluha, Hopiha, Aigaminaha,
   Luisiha.
Titasüha inhangope ĩbitagü ihekeni
   tisinhüpe ĩbiale leha etetako.
Tetijipügüko inha leha etĩbetohoko.*

Dois dias depois, eles foram de
   novo para Agikuangaku.
Foram Jakalu, Hopi, Aigaminá e
   Luís.
Lá, o pessoal roubou comida do
   Adriano, roubaram doce para
   trazer para os filhos.

*Titaha bejai iginhũdagü Kuhikuguko
   inha:*
Juparana juparana
Juparana uãbe juparana

Lá, Bedjai ficava cantando para os
   Kuikuro:
*Juparana juparana
Juparana uãbe juparana*

*Lepene leha uãke etelü behaleha
   Leonaduna.
Kuhikugu tsügütse uãke
   ĩdzügitsagüi.*

Depois ele foi para o Posto
   Leonardo.
Ele cuidava somente dos Kuikuro.

Anos 1970

Teloko kugeko kügisatühügü	**Cuidando dos outros**

Ẽẽ egea uāke Nahū ügühütupe.
Inhalü uāke ngikona ekisei kitohotsei.
Kuge hekugupe uāke ekisei.
Tatuteha uāke kuge isakiti.
Ekü gehale uāke inhalü telo
  engikogogu inhakasikümi iheke.
Tühisüügüi geleha tüilükokilü iheke.

Ihotuguiha ike tetinkgukilü Külahi.
Üngele akeha etinkgukilüko.
Tetingugi leha otomokope apungu
  kangamukei gele atamini.
Tetihoi leha etinkgukilüko haingoi
  geleha inhünkgo.

Alahatuáte geleha atai ijogupe leha
  Agujape apüngu leha.
Aiha ijimope inhügü leha toüngüi.
Üle hinhe leha Nahū heke tükaenga
  leha inünkgo.
Uluti, Kamankgagü ake leha inünkgo
  leha iheke tükaenga.
Inkgukilüko leha iheke tükae haingoi
  leha inhünkgo.
Aiha Uluti itādu leha etijü leha
  itsaengopengine.

Lepeneha tamitsi leha atai ihāüpe
  Makalape apüngu leha.
Aitsi geleha imugu atai apüngu.

O costume de Nahū era assim.
Ele não falava mal de ninguém.
Ele era boa gente mesmo.
Ele gostava de todas as pessoas.
Ele não discriminava os outros
  índios.
Ele os considerava como irmãos.

Külahi foi a pessoa que se criou
  com ele.
Eles cresceram juntos.
Os dois perderam os pais na
  mesma época, quando ainda eram
  crianças.
Eles cresceram sozinhos até se
  tornarem adultos.

Quando ele ainda morava em
  Alahatuá, faleceu o seu tio Aguja.
Então os filhos dele ficaram órfãos.
Por isso Nahū veio para perto deles.
Para cuidar de Uluti e Kamankgagü.
Ele cuidou deles até se tornarem
  adultos.
Foi só quando Uluti se casou é que
  deixou a casa dele.

Depois de muito tempo, morreu
  seu primo Makalá.
Morreu quando já tinha um filho.

Üngelepe inügü gehaleha Nahũ heke leha tükaenga.
Makalá mugu ititüiha Jumu.
Nahũ heke leha Jumu inkgukilü tükae haingo leha inhügü.

Aiha Kamankgagü itãdu leha etijü leha itsaengopengine.
Kugeko ihope ekisei Nahũi.

Jumu itãdu leha etijü leha gehaleha itsaengokopengine.
Lepeneha ihitsü hati enhügüha itsaengani.
Ititüiha Tapinhi üngele inkgukilüha ihekeni tükaeni.
Tapinhi ngisoi leha Kapulu inhügü ületseingugi leha etijü itsaengokopeinhe.

Ahangitahagüte leha atamini kaküngiha kugeko itsagü nhünga itsae.
Ihotuguiha ikongope geleha tipaki Külahi Luís itsagü itsae.
Üngelepe etijü leha itsaengokopengine.
Lepeneha ihatipe Mãu Kalapalo itãogu telü itsaeni.
Mãu ngisoi leha Agaku ınhũgu.
Tamitsi leha itsaeni etetako.

Üle hata Mãupe ĩbilü leha Tehuku heke.
Etelüko leha Kalapaluna.
Tehuku heke leha Agakupe itankgilü.
Ületseingugi leha Agakupe etijü leha Nahũ kaengopenginhe.

Novamente, Nahũ pegou o menino para criar.
O nome do filho de Makalá é Jumu.
Nahũ criou Jumu até ele se tornar adulto.

Depois, Kamankgagü se casou, teve filho e deixou a casa dele.
Nahũ era o arrimo das pessoas.

Jumu se casou e saiu da casa dele.
Depois, a sobrinha de sua esposa veio morar com eles.
Ela se chama Tapinhi. Eles a criaram.
Tapinhi se casou com Kapulu e deixou a casa deles.

Quando eles estavam na aldeia de Ahangitahagü, muitas outras pessoas moraram com eles.
O primeiro foi seu companheiro Külahi, Luís.
Um belo dia, ele saiu.
Depois, sua sobrinha Mãu Kalapalo veio morar com ele.
Mãu se casou com Agaku Kuikuro.
O casal morou por muito tempo com a família de Nahũ.

Foi nessa época que Tehuku Kuikuro roubou Mãu e foram viver na aldeia Kalapalo.
Tehuku tirou a esposa de Agaku.
Esse é o motivo da saída de Agaku da casa de Nahũ.

Amiha ihatipe Hagati telü itsaeni.
Hagati ngisoi leha Ngahüta inhügü.
Nahũ kae leha etetako tamitsi.
Lepeneha ihatũü Jamiku Jagamü
inhügü itsaenga.
Ĩdisü ngisoi leha inhügü.
Jumu itãdu leha etijü leha gehaleha
itsaengokopengine.

Egea atsange.

De outra vez, a sobrinha dele,
Hagati, foi morar com ele.
Hagati se casou com Ngahüta.
Eles moraram por muito tempo
com Nahũ.
Depois, o sobrinho dele Jamiku
Jagamü veio morar com ele e se
tornou o marido de sua filha.
Então, Jumu se casou e saiu da
casa dele.

Foi assim.

Imütonkgisatühügü

Tamitsi leha Ahangitaha itsagü.
Kagaiha etĩbetohoi leha Nahũ
*   itsagü.*
Kagaiha etĩbetohoi leha tipaki
*   itsagü.*
Üle heke leha tsuẽi ihoinipolükilü.
Inhalü leha Kuhikugu anetügü akiti
*   leha inhümi.*

Atigianu hekeha kagaiha engikogu
*   inginügü kaküngi.*
Hüge tuhunkgetinhü itüingi leha
*   Jahitsi heke leha ílü.*
— Ketiti kuatsange hüge atanekijü
*   kuale ülei.*
Üle tatagü geleha iheke inhalü itüjüi
*   iheke.*

Amiha kagaiha Paulo enhügü
*   Ahangitahati.*
Ihumilü leha Nahũ heke Aigaminá
*   üngati.*
Kagaiha hekeha kaküngi ngiko
*   inginügükilü.*
Kaküngiha tunügükilü iheke.
Ikĩbügüpe igekilükilü geleha iheke.
Üle hinhe leha Nahũ ilũkilũ kugeko
*   heke.*
— Ihugãbatagü leha Nahũ heke
*   nügü kilü leha ihekeni.*

Aiha Nahũ ingunkgingu gehale.
Ahijão üntegoho akenügü leha
*   ihekeni.*

A crítica

Ele viveu por muito tempo em
   Ahangitahagü.
Nahũ virou referência dos caraíbas.
Ele era a referência dos caraíbas que
   chegavam à aldeia.
Isso causava muita inveja.
O chefe Kuikuro não gostava mais
   dele.

Adriano trouxera muita coisa de
   caraíba.
Para ele não pegar arma de fogo,
   Jahitsija tinha discutido com ele.
— Não pegue arma, não pense que
   você é chefe.
Ao ouvir isso, Nahũ não respondeu
   nada.

De uma outra vez, um certo Paulo
   veio à aldeia Ahangitahagü.
Nahũ mandou ele se hospedar na
   casa de Aigaminá.
Os caraíbas sempre traziam muitas
   coisas.
Eles davam muitas coisas.
O que sobrava, dizem, eles levavam
   de volta.
As pessoas da aldeia brigaram com
   Nahũ por causa disso.
— Foi Nahũ quem pediu para ele não
   dar tudo — o pessoal dizia.

Depois, Nahũ teve uma ideia:
abrir uma pista de pouso ao lado
   da aldeia.

Inhalüha kugeko elipehilüi.
Tsuẽi leha ijatongitsagü ihekeni.
*Üle hata geleha tüilü iheke inhügü
leha.*

Mas as pessoas não apareciam para
trabalhar.
Muitas pessoas o criticavam.
Mesmo assim, ele conseguiu abri-la.

*Aiha Ahangitahalüpeinhe leha
Kuhikugu otomo etimokilü.*
Isinügüko leha Ipatsena.
Nahũpe ngõdilü leha ihekeni.
Anetüila leha ihatagü ihekeni.

Então, o povo Kuikuro deixou
Ahangitahagü e mudou de aldeia.[1]
Vieram para Ipatse.
Eles abandonaram Nahũ.
Diziam que ele não era chefe.

*Tatute leha kugekope etimokilü leha
Ipatsena.*
*Nahũpe ngõdilü leha ihekeni
Ahangitaha.*
*Tülimo ake tsügütse leha inhünkgo
tita.*

Todas as pessoas se mudaram para a
aldeia de Ipatse.
Deixaram Nahũ em Ahangitahagü.
Ele ficou com seus filhos por lá.

*Engihõ leha ihãü Ihaku telü leha
tünho ake Nhukau ake itigini.*
— Jaja keteha leha tüki ĩde einhalü.
— Osi aingo hegei.
*Aiha sinünkgo leha tülimo ake
Ipatsena.*

Muito tempo depois, a prima dele,
Ihaku, e seu esposo, Nhukau,
foram buscá-los.
— Irmão mais velho, vamos embora,
para que você fica aqui?
— Está bem.
Então, ele veio para Ipatse junto
com seus filhos.

Ipatsege leha itsagü.
*Üle hata geleha imütonkgitsagü
anetaõ heke.*
Kagaiha hekeha egei ihoinipogagü.
*— Anetü hüngübale ekisei anetaõ
kitagü leha iheke.*

Ele ficou vivendo em Ipatse.
Mas a crítica dos chefes continuou.
Tudo por ciúme dos caraíbas.
— Ele não é chefe — os chefes
diziam.

*Kagaiha hüle egei itaginhu ateheha
uãke egea kagaiha ihoi itsatohoi.*
Tü inhalüma gehale uãke.

É porque ele era o único a falar a
língua dos caraíbas que ele virou o
suporte deles.
Não tinha outro.

Aiha tsuẽi leha sini ingitagü enkgugi
leha titsohoitsagü ihekeni.
Üle hinhe leha inkganügü leha ihekeni.
Kugihe otoi leha ihanügü ihekeni.
Tsuẽi leha inkganügü ihekeni.
Tuelüti leha egei itsagüko.

Eles olhavam duro para Nahũ,
mas era difícil ficar sem ele.
Começaram a suspeitar dele.
Até o chamaram de feiticeiro.
Eles o acusaram muitas vezes.
Eles queriam até matá-lo.

Aiha kuge ügünu leha isõijü leha
kugihe oto heke.
Aiha Nahũ inkganügü leha ihekeni.
Ületseingugi leha egei hüati leha
kuge inhügü Nahũ inkgatomi iheke.
Inhalü hüle hüati anümi angoloi
Aiha otongalü leha igehunkgingalü
tsügü leha lepene leha
elehunkgingalü.
— Kupinhanoko esei isõisatinhi nügü
kilü leha iheke.

Certa vez, uma pessoa adoeceu.
Um feiticeiro a tinha amarrado.
Eles acusaram Nahũ.
Do nada uma pessoa virou pajé.
Só para acusá-lo.
Ele não era pajé de verdade.
Dizem que fumava, desmaiava e
depois voltava a respirar.
— Sim, é ele mesmo. É o nosso irmão
mais velho que está fazendo feitiço
— ele teria dito.

Üle hinhe leha tügüninhü ouĩ telü
leha Nahũpe apilüinha.
Nügü leha iheke: — Kapiketiha leha.
Üle hata leha Tauagaku angahegu
leha ihũbonga.
Apigüingi leha egei ihũbonga
nhangahegu.

Por conta disso, o pai do doente foi
matar Nahũ.
Ele disse: — Pode me matar.
Bem na hora, Tauagaku pulou nas
costas dele.
Para que não o matassem, pulou nas
costas.

— Oko, oko inhalü apilüi ehekeni.
Kagaiha etĩbetohoti leha kupolüko.
Ese tsügütsenaha kagaiha akisüte
tate Ületseingugi leha inhalü apilüi
ihekeni.

— Peraí, peraí. Não o mate. Vamos ficar
sem ter quem receba os caraíbas.
Ele é o único que entende a língua
deles.
Assim, desistiram de matá-lo.

Egea leha tüitagü Kuhikugu otomo
heke.
Ɉatsitsüi leha igetagü ihekeni
tühükügisila.

Os Kuikuro estavam fazendo isso
com ele.
Coitado, ele foi maltratado pelo
pessoal.

1982

Washigton tepügü Xinguna	**Washington no Xingu**

Uankgilüha Ipatsege 1982 atai
Takiko geleha uisuādühügü atai
  Washigton etsagü Ipatsena
Ahehitsagüko leha iheke inhanguko
  hata.
Egitsü inhũbata hegei isinünkgo.
Üle husataha tiponhü inhũbata.
Üle iginhunenũbata hegei iheke
  ahehitsagü Uōsutu heke.

Kangamukei gele uatai inhalü
  uhunümi uheke.
Lepene leha uāke vídeo kae leha ingilü
  uheke ihumigote Washigton heke.
Ãde leha api akinhagüpeki
  ugipanetühügü, YouTube ata leha
  ingilü uheke.
Isataha apa ingilü leha uheke, auaha
  Jakalu, apiha Nahũ.

Vídeo ata leha Nahũ iginhu ingingalü
  uheke aitsükü leha uakiti api
  ingingalü uheke.
Üle hata leha uāke Nahũ haĩdilü leha.
Aiha akinügü leha kagaiha kugijü heke.
Tepegenkgilüti leha inhügü.
Üle hata geleha kagaiha etĩbetohoi
  itsagü.

Eu nasci na aldeia de Ipatse em 1982.
Eu tinha dois anos quando o jornalista
  Washington Novaes chegou a Ipatse.
Ele filmou os Kuikuro dançando.
Ele chegou no dia do Quarup.
Ao mesmo tempo, estava acontecendo
  a furação de orelha dos futuros chefes.
Washington filmou Nahũ cantando
  nessa festa.

Eu ainda era muito pequeno e não
  lembro de nada.
Mas assisti a tudo depois quando
  Washington mandou o vídeo para
  nós.
Agora, fazendo a pesquisa sobre meu
  avô, consegui rever esse vídeo no
  YouTube.
Aí consigo ver meu pai, meu tio Jakalu
  e meu avô Nahũ.

Vendo Nahũ cantando no vídeo,
  penso o quanto admiro o meu avô.
Mais ou menos nessa época, Nahũ
  ficou velho e parou de cuidar dos
  caraíbas.
Ele queria descansar.
Mas Nahũ continuou a ser referência
  para os caraíbas.

Anos 1990

Upügüi leha etepügü Pakuerana

70 leha isisuãdühügü atai Nahũ
ogopijüha.
Pakuera Makaigiko ingilüinha.
Uĩbataha api egiküilü ĩdongopeinhe
Ipatsegongoipengine.
Api hekeha tinhegu ikanügü Funai
inha tigati etetokomi tailuko inha.
40 há tike Kuhikuguko igelü iheke
tühisuũdãoko Makaigiko ingilüinha.

Kangamukei gele uatai üle atehe
utenu.
Apa hüle tutenhüi ikeni aua gehaleha,
tsuẽi leha isakinhatũdagüko.
Makaigiko hangankgitühügü atai
leha takuagape kae.
Nahũ itaginhu kilüha Makaigi akiti,
etsunügü ũbege inguhelüko heke
inhalü.
Inguhelüko ũbege iheke kanguki,
takuaga ikijüki kuãbüki.
Inhalü leha Makaigiko uhunümi.
Haingoko gele hüle uãke uhute.

A última viagem a Pakuera

Com uns setenta anos, Nahũ
voltou à aldeia Pakuera dos
Bakairi.
Eu vi meu avô saindo de Ipatse
para essa viagem.
Meu avô pediu apoio da Funai para
irem lá fazer festa.
Ele levou quarenta Kuikuro para
ver seus parentes Bakairi.

Eu ainda era criança e não pude ir.
Mas meu pai e meu tio Jakalu
foram e contaram muitas
histórias.
Os Bakairi tinham esquecido o
ritual da flauta Takuara.
Nahũ falava a língua Bakairi e
tentou ensinar a eles novamente.
Nahũ tentou ensinar a dança e o
canto da Takuara e do ritual da
máscara kuãbü.
Mas os Bakairi não aprenderam.
Só os mais velhos sabiam.

Ehu ngongalü Brigadeiru

1992 atai Nahũ telü anetü inha
Fernando Collor de Mello inha
Leonarduna.
Api heke uigelü tike. Kangamukei
gele uatai.
Aiha anetü heke leha Xingu
ngongogu agitütelü papegü tüilü.

Üle hata leha Nahũ heke anetü inha
Jakagé tongokope tatukope tijü
ikanügü.
Tsuẽi leha ngiko tüitagü ihekeni uãke
titá tüengakila leha.
I itsaketoho itsagü leha tita, ügü
aginiko ẽdagü leha, ngene heniko.
Brigadeiro há i itsaketoho tüini titá
Lepene leha i itsaketühügüpe igetagü
leha iheke Brasiliana, São Pauluna.

Aitsi uãke utelü São Paulo
igihükügüna, tsuhügüi, uũtelü
leha ehu ngongalü ihetohona
Brigadeiruna.
Ititü ingigote leha uheke jaheji
leha uingunkgingu Jakagete
nhüigatühügü kae.
Ahütüha i hatühügü hüngüla ehu
ihetohoi.

Metrô Faria Lima

No mesmo ano, Nahũ foi receber
o presidente Fernando Collor de
Mello no Posto Leonardo.
Eu era criança, mas meu avô me
levou.
O presidente assinou decretos
ratificando a demarcação da Terra
Indígena do Xingu.

Neste dia Nahũ pediu para o
presidente retirar a Base Militar
Jacaré do Xingu.
Na base, estavam acontecendo
muitas coisas, estava sem qualquer
ordem.
Lá tinha serraria clandestina, havia
entrada de pescadores e caçadores
ilegais.
Dizem que foi o brigadeiro Faria
Lima quem montou a serraria. De
lá enviava a madeira cortada para
Brasília e São Paulo.

Certa vez, fui ao centro de São Paulo.
Já faz um bom tempo. Lá desci na
estação de metrô Brigadeiro Faria
Lima.[1]
Quando olhei o nome da estação,
lembrei do que ele fez na Base Jacaré.
Mas a estação não é de madeira não.

Fauseti ipügüpe uhinhiko

70 leha isisuãdühügü atai aiha ãtiha
kagaihako enhügü Autanko.
Ititükoiha Autan take etoho kae,
engapa hüle ahetinhõbanikope.
Takikoha nhehuguko enhügü, tuhuti
geleha uheke.

Fauseti ipügüpe uhinhiha akagoi,
aitsüküha.
Isanetügükopeha agoi James, Rener.
Ãdeha ungipi ahehipügüko, James e
Rener apiha Nahũ, auaha Jakalu
James ingü kaeha tahehisinhüpe,
Expedição Autan, take hutoho leha
itsae, ohinhela fauseti hutoho.

Tilakoha ihisüdu isünkgülüko
tisatüpo.
Utelü ingilükoinha uhüluki.
Api legĩdagü leha ihekeni Fauseti
ingipügüki.
Ipügüpe hogijüti ekugu hegei
itsagüko.
Api heke leha ihatagü Kalapaloko
ihatatühügü inha.

Inhalüha uãke Funai papegüi
nhipini c̃dohokoha Xingu atati.
Postu anetügü Pirakumã Yawalapiti
enhügü leha Ipatsena.
Ikeha tetinhükope, Kokoti Aweti,
Kedi Kuikuro, Ararapã Trumai,
Funai ngengokugukoha akagoi.

Ainda o caso dos ossos

Nahũ tinha mais de setenta anos
quando recebeu na aldeia Ipatse a
expedição Autan.
O nome da expedição é por causa do
repelente de mosquito Autan. Acho
que foi um patrocínio.
Chegaram dois barcos, eu lembro.

Eles vieram novamente atrás da
ossada do Fawcett.
James Lynch e Renê Delmotte eram
os chefes.
Eu tenho uma foto com James, Renê,
meu tio Jakalu e meu avô Nahũ.
Na camisa de James está escrito:
"Expedição Autan". E tem o desenho
de um mosquito e abaixo o de
Fawcett.

Eles ficaram três dias no porto da
aldeia. Eu fui lá a pé para vê-los.
Eles perguntaram ao meu avô onde o
Fawcett tinha sido visto.
O objetivo deles era encontrar a
ossada.
Meu avô contou-lhes aquilo que os
Kalapalo tinham contado para ele.

Mas eles não tinham autorização da
Funai para entrar no Xingu.
O chefe do Posto Leonardo,
Pirakumã Yawalapiti, veio até Ipatse.
Junto com ele vieram Kokoti Aweti,
Kedi Kuikuro e Ararapã Trumai.
Eles eram todos servidores da Funai.

Tuhügitsi leha isinünkgo, takiko leha
barcope igelü leha ihekeni postuna,
aua Jakalu telü leha ikeni.
Postute leha tatute leha
nhengikogukope inügü Funai heke.
Aitsingope barcope inhügü leha
Kalapaloko heke, tohongope
inhügüha Kuikuro ngipi.
Lepene leha ihumilüko leha ihekeni
ahijão ata Canaranana.
Tinhünga leha üle heke leha api tüilü
kotühüngüi.

Eles vieram armados e levaram os
dois barcos da expedição para o
Posto Leonardo. Meu tio Jakalu
os acompanhou até lá.
No Posto Leonardo, a Funai
apreendeu todas as coisas deles.
Um barco ficou para os Kalapalo,
o outro para os Kuikuro.
Depois, mandaram eles embora
de avião para Canarana.
Lá em casa, meu avô ficou triste
com a confusão.

Anos 2000

Alamakipügü

*Aiha, Nahũ inhügü leha tühangakila
Tütükingoki leha tühangakila leha
 inhügü.
Akinha ihatagü geleha iheke, egiki
 leha uakihatagü iheke.
Kuaku igisüki uakihalü iheke.
Hüge oto igisüki.
Teloki tuhugu gehale.
Hakilaha itaginhinügükilü uheke
 itsatomi iheke.*

*2000 atai api humilü leha ete
 tongopeinhe saúde atalüko heke.
Etelü leha Brasiliana ĩbutategomi
Ike leha utelü.
Tilakoha tinhutengü telü Brasiliate.
Katohola geleha uitaginhu hata
 kagaiha akiti, üle atehe leha aua
 Jakalu heke uhumilü ike.
Funai pensãugu ataha tisitsagü.
Lepene leha aparelho tüilü leha
 Nahũ kaenga lepene leha tisogopijü
 Ipatsemu.*

*Ige isuãha Nahũ alamakilü leha amã
 enga tuãka ũbege etehopügü.
78 leha egei isisuãdühügü atai.*

A queda

Foi nessa época que Nahũ perdeu
 a audição.
Ele foi ficando surdo aos poucos.
Ele continuava contando histórias e
 me ensinando os cantos.
Me ensinou o canto do papagaio.
Me ensinou o canto da onça.
Me ensinou muitas coisas.
Eu falava bem pertinho do meu avô
 para ele me ouvir.

No ano 2000, a equipe da saúde
 tirou meu avô da aldeia.
Ele foi para Brasília fazer tratamento.
Eu acompanhei o meu avô.
Nós ficamos três meses em Brasília.
Nessa época eu já falava um
 pouquinho de português, por isso
 meu tio Jakalu me mandou para
 acompanhá-lo.
Ficamos na pensão da Funai.
Depois conseguimos um aparelho
 auditivo para Nahũ e voltamos
 para Ipatse.

Em 2003, Nahũ tomou uma queda
 quando estava tentando ir para o
 banho.
Ele tinha 78 anos.

Api uhijü leha tsiheke ihogijü leha
tsiheke tuãkaga agipo.
Ipoïjü leha tsiheke üngati.

Canaranana leha igelü kitsitoho
küginhiko heke.
Aiha utelü gehale aitsükü ike.
Timühõha uigotisü uinhügü api ake.
Lepene leha etelü Cuiapana
uhisuügü ake Yakagi ake, ugopojü
leha etena.
Timühõha Nahũ inhügü kitsitoho
ata inhalü hüataõko heke ihekutelüi.

Üle hinhe leha ingenügü leha tsiheke
ogopitsomi Ipatsena itsügitsomi
leha tsiheke.
Ĩbutategomi ũbege tsiheke
tisĩbutagüki.
Nahũ enhügü hata leha amã o'ope
apüngu leha.
Takiko leha ihisũdu ihitsĩbügü
apüngühügü ünkgüpügü atai
etĩbetagü.
Nahũ igehunkgitühügü etĩbelü leha.
Tilako leha etĩbepügü ünkgüpügü
atai Nahũpe apüngu leha.

Nós procuramos meu avô por um
tempo até encontrá-lo perto da lagoa.
Carregamos de volta para casa.

Nahũ foi levado para Canarana pelo
pessoal da saúde.
Eu fui acompanhar meu avô
novamente.
Fiquei dez dias com ele.
Depois ele seguiu para Cuiabá com
meu irmão Yakari e eu voltei para
a aldeia.
Nahũ ficou mais dez dias no
hospital, mas os médicos não
conseguiram curá-lo.

Então decidimos levá-lo de volta
para Ipatse.
Para que pudéssemos tratá-lo com
nossos remédios. Em vão.
Quando Nahũ estava voltando para
a aldeia, minha avó faleceu.
Ele chegou dois dias depois de sua
esposa ter morrido.
Nahũ chegou desmaiado, já em
coma. Três dias depois, faleceu.

Anetüi leha apüngü

Onginügü leha Ipatsege.
Apüngühügü atai leha Ugisapa
* Tabáta ihatilü leha hugõbonga*
* kugeko heke leha tigi.*
— Nahũ huhunügü akatsange
* kupeheni.*
Tikĩdinhüpe esei kukinhani.
Kaküngiha ngiko tüilü iheke.
Ülepe isuã 2005 atai Nahũ hunügü
* leha tsiheke.*
Nahũ kilü kilüha tsiheke:
— uhijão uapüngũdoteha ahütüha
* uhunümingola ehekeni egitsüki.*
Hagakakiha uhunümingo ehekeni
* uapüngũdote.*
Aitsüküha uãke api akiti üle.
Tatakegeni leha apüngühügü
* isuãdühügü atai aiha tuhunügü*
* leha tsiheke Hagakaki.*

Morrer chefe

Ele foi enterrado em Ipatse.
Quando ele morreu, o chefe
  Ugisapa Tabata foi ao centro da
  aldeia e falou para todo mundo.[1]
— Vamos fazer a efígie de Nahũ para
  o Quarup.[2]
Ele lutou por nós.
Ele fez muitas coisas por nós.
No ano seguinte, em 2005, fizemos
  o Quarup para Nahũ.
Mas ele sempre dizia para nós:
— Meus netos, quando eu morrer,
  não quero ser homenageado no
  Quarup.
Quando morrer, quero ser
  homenageado no Javari.
Meu avô gostava muito dessa festa.
Em 2009, quatro anos depois da sua
  morte, fizemos sua efígie no Javari.[3]

Ãde utsatagü

*Uititüha Yamalui Kuikuro
Mehinaku.
Nahũ higüha ugei.
Amãhã ekisei Nahũ ĩdisü.
Uankgilüha api ünga.*

*Tegipanetinhüha ugei, ologi,
tatahehisinhü eginhoto.
Latsiha tatute ugipanepolü api ake.
2013 há atai utinenügü isakinhagü
ahehijü heke.
Lepene leha utelü Nahũ akinhagüpe
uhisale.
Utelü leha Makaigi ituna, lepeneha.
Goianiana, São Pauluna, ihutoho
ahehipügü uhisale isakinhagü
uhisale.
Ãdeha timühõha isisuãdühügü atai
utikilü leha itsasikügü heke.*

Agora me apresento

Meu nome é Yamaluí Kuikuro
Mehinaku.
Sou neto de Nahũ Kuikuro.
Minha mãe era filha de Nahũ.
Eu nasci na casa do meu avô.

Sou pesquisador, artesão, escritor
e mestre de canto.
Aprendi quase tudo isso com
meu avô.
Comecei a escrever sobre sua vida
em 2013.
De lá para cá, saí em busca de sua
história.
Fui à aldeia dos Bakairi, fui a
Goiânia e São Paulo para procurar
fotos, vídeos e ouvir histórias
sobre meu avô.
Agora, dez anos depois, eu
termino o meu trabalho.

Anexo

No documentário de Marco Altberg sobre o médico sanitarista Noel Nutels, lançado em 1975, há dois momentos em que a voz é dada a Nahū. No primeiro, entre 16'55" e 17'54", nosso protagonista se apresenta pelo nome e povo e, em seguida, elogia o doutor Noel, que participou da Expedição Xingu-Roncador com os irmãos Villas Bôas e com eles colaborou durante décadas até sua morte em 1973. Nessa primeira passagem, Nahū deixa claro que fala no dia em que seria realizado o Quarup em homenagem ao doutor Noel, um ano após a sua morte. Não sabemos com certeza quando foi gravada a segunda passagem, entre 21'30" e 23'35", mas possivelmente foi na mesma época ou ocasião. Nela, temos um longo plano de Nahū caminhando e sua voz em off proferindo uma fala dura contra os "civilizados" que querem roubar a "terra do Índio". Abaixo transcrevemos sua fala, que pode ser vista na internet.

Quem fala aqui é o Nahū. É kuikuro, viu? É tribo kuikuro.
Orlando Villas Bôas, Cláudio Villas Bôas, papai nosso.
Papai de todos tribo daqui.
Hoje tem uma festa Quarup de doutor Noel.
Faz tempo que doutor Noel morreu.
Esse o ano passado, doutor Noel morreu.
Faz tempo eu conhecia o doutor Noel.
Aquele doutor era muito bom.
Tratava de nós direito, vacinava nosso direito.
Deu a todo remédio para nós.

Civilizado, ele quer tomar terra nosso.
Não pode tomar terra nosso.

Aonde que a gente fica morando?
Precisa a gente fica morando aqui na reserva.
Aqui a gente fica morando aqui, tá fazendo.
A gente fazendo lavoura, a gente fazendo alimentação.
Caraíba tá precisado tomar terra nosso,
Não pode!
Ainda caraíba vem longe aqui,
Vim pra cá para mexer nossa terra.
Não pode ficar mexendo.
Por que que ele não mexe lá.
Lá tem tanta uma terra.
Por que que ele quer mexer aqui?
Esse é nossa, essa é nossa terra.
Civilizado vai tomar terra nossa.
Aonde que a gente fica morando, aonde é, aonde?
Esse ninguém sabe.
Índio, o dono da terra legítimo.
Não pode tomar terra nosso.
Aonde que a gente ficar morando depois? A gente vai morar lá na rua?
Fica pedindo assim: "deixa um, deixa um",
Não senhor!
Gente vai ficar na reserva mesmo.
Índio vai ficar danado, você vai ver.
Índio tem borduna, índio tem frecha e índio tem todas.
Arma do civilizado, índio tem bastante também.
Quando civilizado toma terra nosso.
Melhor pra matar civilizado.
Civilizado é ruim e não presta.
Aonde que a gente vai fazer pescaria?
Aonde?
Vai pescando lá no quartel?
Não pode!
Esse riozinho fica pescando o rio Culuene.
Esse bom pra fazer pescaria.
Pra lá não tem nada. Pra lá diferente.

Trajetória de Nahũ Kuikuro

1922 Nasce Nahũ, filho único de Jakalu Jagamü (Nafukua) e Hugasa Magia Kuikuro.

1931 Nahũ e seu primo Külahi encontram o italiano Vicenzo Petrullo e seguem viagem pela primeira vez para a aldeia dos Bakairi.

1933 Segunda viagem para o posto do SPI Simões Lopes na aldeia Pakuera dos Bakairi.

1940 Começa a aprender os cantos rituais kuikuro.

1944 Encontra-se com Nilo Veloso na aldeia do povo Kamayurá e segue em sua segunda viagem para o Posto Simões Lopes na aldeia Pakuera do povo Bakairi.

1945 Voltando da aldeia Bakairi, no porto do Batovi, se encontra novamente com Nilo Veloso e leva-o para a sua aldeia, Alahatuá, pertencente ao povo Kuikuro.

1946 Nahũ é convidado pelo chefe Sagagi Kalapalo para receber os irmãos Villas Bôas no porto Kahĩdzu, do povo Kalapalo. Ele fica lá por algum tempo, acabando por se encontrar com os chefes Kahanahatü Paru Yawalapiti e Janumakakumã Sapain Kamayurá. Nahũ os deixa como tradutores dos irmãos Villas Bôas e volta para sua aldeia Alahatuá.

1948 Primeiro casamento de Nahũ Kuikuro com Alaualu Yawalapiti. Alguns meses depois, o relacionamento acaba e, no mesmo ano, ele se casa com Sesuaka Mehinaku.

1949 Nasce o primeiro filho homem de Nahũ, Jakalu Kuikuro, no porto de Kahĩdzu, onde hoje fica o Posto Kuluene.

1952 Os Kalapalo enganam Orlando Villas Bôas em razão de sua insistência para saber do paradeiro do explorador britânico Percy Harrison Fawcett, oferecendo-lhe uma ossada falsa. Nahũ atua como tradutor.

Casamento de Ayres Cunha com Jakuí Kalapalo na igreja da Candelária, no Rio de Janeiro.

1953 Nasce Hugasa Magia, filha de Nahũ.

1954 Epidemia de sarampo. Nasce a última filha de Nahũ, Yamunuá Ipi.

1960 Nahũ visita os irmãos Villas Bôas no posto Diauarum e conhece os povos do Baixo Xingu pela primeira vez. Encontra-se com os Kayabi, os Juruna, os Suyá e os Txukarramãe.

Os Xinguanos perdem parte de seu território tradicional e se mudam para as proximidades do Posto Leonardo. No mesmo ano, Nahũ discute a demarcação da Terra Indígena do Xingu junto com outros povos.

1961 Nahũ e outros chefes recebem a notícia da demarcação do Parque Nacional do Xingu, assinada por Jânio Quadros.

Nahũ realiza a sua segunda viagem para o Diauarum e se encontra com Adrian Cowell e Jesco von Puttkamer.

201

1963 Segundo encontro com Adrian Cowell, na aldeia Ahangitahagü. Neste mesmo ano, Nahũ abre uma pista de pouso em Ahangitahagü.

1965 Jakalu, filho de Nahũ, participa da expedição de contato com os Kreen-Akarore.

1966 Nahũ prende caçadores e pescadores que seriam amigos de Orlando no porto do Kuikuro e no rio Culuene. São apreendidas dez armas de fogo.
Orlando leva Nahũ e o filho Jakalu para visitar os Karajá, na ilha do Bananal. Orlando mostra a situação dos Karajá, que estão perdendo seu território tradicional.

1967 Nahũ visita os Ikpeng no rio Jatobá. Ocorre a transferência dos Ikpeng para o Posto Leonardo.

1970 Nasce o primeiro neto de Nahũ, que se chama Tsikigi Nahũ.

1971 Nahũ participa da inauguração da BR-080 que corta a Terra Indígena do Xingu, ocasião em que fazem um acordo para que parte do pagamento da taxa da rodovia seja distribuída entre os indígenas.

1975 Mudança da aldeia de Ahangitahagü para a aldeia de Ipatse.

1982 Nasce Yamaluí, neto de Nahũ.

1984 Nahũ recebe o jornalista Washington Novaes.

1992 Nahũ volta a visitar a aldeia Pakuera dos Bakairi.
Nahũ recebe o presidente da República Fernando Collor de Melo, no Posto Leonardo. O presidente assina decreto ratificando a demarcação da Terra Indígena do Xingu. Neste dia, Nahũ pede para o presidente retirar a Base Militar do Jacaré, a fim de acabar com atividades ilegais.

1996 Nahũ recebe a expedição Autan, chefiada por James Lynch e Renê Delmotte, que busca desvendar o mistério do sumiço de Fawcett. Os expedicionários são retidos no Posto Leonardo.

2005 Falecimento de Nahũ.
Realiza-se o ritual do Quarup em homenagem a Nahũ.

2009 Realiza-se o ritual do Javari em homenagem a Nahũ.

2013 Yamaluí começa a escrever a história de Nahũ, que só será concluída em 2023.

Créditos das imagens

p. 81: Acervo Instituto Goiano de Pré-História e Antropologia (IGPA) da Universidade Católica de Goiás (UCG)

p. 82: [acima] SPIRel888_1817 — Fundo SPI e Fundo Comissão Rondon — Acervo Museu do Índio / Funai — Brasil; [abaixo] CRNA1302 — Fundo SPI e Fundo Comissão Rondon — Acervo Museu do Índio / Funai — Brasil

p. 83: [acima] Museu da Universidade da Pennsylvania, imagem n. 25541; [abaixo] Museu da Universidade da Pennsylvania, imagem n. 27617

p. 84: [acima] SPI08020 — Fundo SPI e Fundo Comissão Rondon — Acervo Museu do Índio / Funai — Brasil; [meio] SPI04172 — Fundo SPI e Fundo Comissão Rondon — Acervo Museu do Índio / Funai — Brasil; [abaixo] Acervo do Museu Antropológico/UFG

p. 85: Fundo SPI e Fundo Comissão Rondon — Acervo Museu do Índio / Funai — Brasil

p. 86: [acima] O Cruzeiro/D.A Press; [abaixo] O Cruzeiro/D.A Press

p. 87: [acima] SPI07155 — Fundo SPI e Fundo Comissão Rondon — Acervo Museu do Índio / Funai — Brasil; [abaixo] Acervo Instituto Goiano de Pré-História e Antropologia (IGPA) da Universidade Católica de Goiás (UCG)

p. 88: [acima] Foto: Agliberto Lima/Estadão Conteúdo/AE/ Código imagem: 5760; [abaixo] Folhapress

p. 89: [acima] Foto: Antonio Pirozzelli/Folhapress; [abaixo] Henri Ballot/Acervo Instituto Moreira Salles

p. 90: [acima] Henri Ballot/Acervo Instituto Moreira Salles; [abaixo] Acervo: Yamaluí K. Mehinaku

p. 91: [acima] Acervo do Museu Antropológico/UFG; [abaixo] Foto: Claudio Larangeira

pp. 92-3: Foto: Carlos Fausto

pp. 94-5: Acervo: Yamaluí K. Mehinaku

p. 96: Foto: Claudio Larangeira

Todos os esforços foram feitos para encontrar os detentores de direitos autorais das fotos incluídas neste livro. Em caso de eventual omissão, a Todavia terá prazer em corrigi-la em edições futuras.

Agradecimentos

Gostaria de agradecer a todos que me apoiaram, ao longo dos últimos dez anos, para transformar em realidade o meu sonho de escrever a história de meu avô. Sou muito grato aos meus entrevistados Jakalu Kuikuro, Yamunua Ipi Kuikuro, Hugasa Magia Kuikuro, Tagukagé Kuikuro, Kahala Kuikuro, Nahum Kuikuro, Nikumalu Kuikuro, Ájahi Kuikuro e Laurinda Bakairi. Agradeço a Bruno Maiuka Bakairi por ter me ajudado a chegar até Laurinda e traduzir nossa conversa. Agradeço aos meus amigos não indígenas que me auxiliaram na preparação do texto: Daniel Massa, Rafael Zacca e João Carlos de Almeida. Meu irmão Mutuá Mehinaku, e meu cunhado Trukuma Rui Kuikuro, ambos professores, corrigiram minha escrita em língua kuikuro, correção que foi revista por Bruna Franchetto, com quem trabalho em traduções há mais de vinte anos. Agradeço de coração a ela.

Carlos Fausto foi meu parceiro desde o começo deste livro em estilo multitarefa: desde o apoio financeiro até a revisão final das provas. Meu muito obrigado pela amizade e orientação. Guilherme Freitas se interessou pelo projeto e o apresentou ao Flávio Moura da Todavia. Agradeço a ambos e a toda a equipe da editora pelo trabalho cuidadoso. Agradeço, ainda, ao Instituto Moreira Salles, ao Instituto Goiano de Pré-História e Antropologia (Centro Cultural Jesco Puttkamer) e à Fundação de Amparo à Pesquisa do Estado do Rio de Janeiro. Por fim, agradeço à minha família, em especial à minha esposa e aos meus filhos.

Notas

c. 1922 [p. 17]

1. Alahatuá é uma aldeia ocupada pelos Kuikuro de *c.* 1920 até 1961, quando foram obrigados a abandoná-la, pois ela ficou inicialmente fora dos limites do Parque Indígena do Xingu. Quando Nahũ nasceu, eles haviam se mudado havia poucos anos da aldeia Kuhikugu, que ficava próxima a Alahatuá. Daí provém o nome *Kuikuro*, uma corruptela do termo *Kuhikugu*, que significa "lagoa dos peixes kuhi". Nos anos 1990, os Kuikuro retornaram à região de Alahatuá, onde abriram uma nova aldeia de mesmo nome, que existe até hoje.

1931 [pp. 18-25]

1. Os não indígenas são designados *kagaiha* em kuikuro. Este termo é uma adaptação à fonologia kuikuro do famoso vocábulo tupi-guarani *karaiwa*. Ele deve ter chegado ao Alto Xingu junto com as levas migratórias tupi, que adentraram a região a partir do século XVIII. Na tradução, optamos por utilizar "caraíba", evitando o uso de "branco".

2. As línguas do Alto Xingu possuem um modificador nominal que conota excesso ou desvio (em tamanho, ferocidade, periculosidade) de um ser ou categoria. Utilizamos o prefixo "hiper" para traduzi-lo, seguindo proposta de Bruna Franchetto. Nesta cena, o chefe Aritana tenta convencer os outros Xinguanos de que Petrullo é uma versão magnificada do povo Yawalapiti, de modo a garantir acesso privilegiado ao poderoso caraíba que chegara em um hidroavião.

3. *Tisu* é uma expressão idiomática na língua yawalapiti, então utilizada frequentemente ao final de uma frase. Afukaká era um dos chefes kuikuro de então. Ele é o avô do principal chefe kuikuro contemporâneo, que leva o seu prestigioso nome.

4. Os Bakairi são um povo de língua karib, habitantes tradicionais dos formadores do rio Tapajós. No século XIX, os chamados Bakairi Orientais emigraram para sudeste e se fixaram no rio Paranatinga e no alto curso dos rios Batovi e Curisevu, onde estabeleceram boas relações com os Altoxinguanos, inserindo-se no sistema pluriétnico e multilíngue local. Desde 1884, quando da primeira viagem de Karl von den Steinen, os Bakairi Orientais serviram de mediadores e guias para as várias expedições que se sucederam no Alto Xingu. Eles logo sofreriam com as doenças infectocontagiosas trazidas pelos expedicionários e acabaram sendo reunidos pelo Serviço de Proteção aos Índios (doravante SPI) no aldeamento do rio Paranatinga, afluente do Teles Pires, fora do território altoxinguano.

5. *Jagamü* é a designação que os Kuikuro dão a um povo conhecido na literatura por Nahukuá ou Nafukuá. Junto com os Kalapalo, os Matipu e os Kuikuro, constituem o bloco de falantes das variedades da língua karib altoxinguana.

6. Vincenzo Petrullo imigrara para os Estados Unidos em 1913, tornando-se cidadão americano em 1930. Na ocasião da "Expedição Matto Grosso", que o leva ao Xingu em 1931, ele atua como antropólogo, representando o Museu da Universidade da Pensilvânia. A expedição era parte de um empreendimento privado que visava gravar sons e imagens de pessoas, animais e plantas da região e que resultou no filme *Matto Grosso, the Great Brazilian Wilderness* (1931).

7. Em 1925, o explorador britânico Percy Harrison Fawcett, seu filho Jack e um colega deste último, chamado Raleigh Rimmel, desapareceram na região do Alto Xingu. Fawcett buscava obcecadamente uma cidade perdida na Amazônia, um avatar tardio do sonho colonial do El Dorado. A primeira missão para encontrar Fawcett, que se esperava ainda vivo, ocorreu em 1928 sob o comando de George M. Dyott, seu colega da Royal Geographical Society. Diversas expedições posteriores foram realizadas em busca de pistas sobre o paradeiro do explorador.

8. Em kuikuro, *giti itaginhitinhiko*, que quer dizer literalmente "aqueles que conversam com o sol". Quando instados a oferecer uma tradução para o Deus cristão, os Kuikuro frequentemente indicam o Sol. Contudo, são divindades muito diferentes, a começar pelo próprio nome pessoal do astro: Taũgi, que é a forma particípia do verbo para "mentir", "enganar". O Sol é um *trickster*, um enganador.

9. Não conseguimos informações sobre essa referência a Maranata, expressão aramaica cujo significado seria "Senhor, vem!" (ver 1ª Epístola aos Coríntios 16,22). Sabemos apenas que não se trata da Igreja Cristã Maranata, que só foi fundada em 1968, em Vila Velha, Espírito Santo.

10. Além de chamar os não indígenas de *kagaiha*, os Kuikuro frequentemente referem-se a eles como "nossos avós", tratamento que denota respeito.

c. 1936 [pp. 26-35]

1. Há uma clara diferença entre aqueles que são "rezadores" ou "mestres de reza" (*kehege oto*) e os pajés (*hüati*). Estes últimos passam por um longo processo de aprendizado formal e submetem-se a uma difícil iniciação para desenvolver suas habilidades curativas. Ademais, e esse é o fato crucial, só os pajés estabelecem uma relação privilegiada de proteção com um ou mais de um bicho-espírito (*itseke*).

1940 [pp. 36-7]

1. Há cerca de quinze rituais no Alto Xingu, cada um deles associado a um extenso conjunto de cantos (vocais ou instrumentais). Alguns repertórios chegam a mais de quinhentos cantos, divididos em suítes, as quais, por sua vez, são compostas por sequências ordenadas de cantos. A transmissão se dá entre um mestre e um aprendiz que deve pagar pelo aprendizado. Os mestres de canto (*eginhoto*) possuem grande prestígio e desempenham um papel fundamental na produção da vida ritual.

1944 [pp. 38-51]

1. Nilo de Oliveira Veloso foi contratado em 1942 pelo SPI como cinegrafista. Ele se tornaria o responsável pela expedição ao Alto Xingu, que teve início em julho de 1944 e se concluiu no final de 1945.

2. No texto em kuikuro temos a expressão *tisakisü oto*, que pode ser traduzida por "dono" ou "mestre" de nossa "palavra" ou "língua". Na forma não possuída é *aki oto* (ver nota 1 do ano 1946). Aqui, estamos vertendo para o português como "tradutor".

3. O Posto Indígena foi inaugurado pelo SPI em 14 de julho de 1920, junto ao aldeamento de Paranatinga, conhecido como Pakuera. Durante sua existência, o posto teve mais de um nome, entre eles Simões Lopes. Em 1923, os últimos Bakairi que viviam no Alto Xingu mudaram-se para lá. O local, porém, continuou a ser visitado pelos Altoxinguanos para obtenção de mercadorias, sobretudo instrumentos de metal. Em agosto de 1930, Rondon esteve presente durante uma das várias visitas do pessoal do Alto Xingu ao Posto Simões Lopes.

4. Traduzimos o termo *anetü* (forma não possuída) por "chefe", embora ele possa ser também vertido em alguns contextos por "nobre". Na época do SPI, era comum designar o chefe "capitão", mas só fazemos uso desse termo quando ele aparece no texto em língua kuikuro na forma *kapitau*.

5. O termo kuikuro para "albino" é *tügipegili*, que pode ser literalmente glosado como "cabeça branca". Note que o nome pelo qual o personagem é conhecido na história, Tügipe, provém desse termo.

6. A missionária Martha Moennich era filha do reverendo Emil Halverson, que desenvolvia atividades missionárias junto aos Bakairi em Paranatinga e entre os povos altoxinguanos, desde os anos 1920. Supostamente, o reverendo conhecera Tügipe ainda bebê, em 1926. Em 1937, a missionária divulgou a notícia sobre um índio branco que poderia ser filho de Jack Fawcett, o qual, como vimos, desaparecera com seu pai no Xingu em 1925. Em 1942, ela publicou *Pioneering for Christ in Xingu Jungles: Adventures in the Heart of South America*, em que relata sua experiência como evangelizadora no Xingu.

7. Em 1943, Assis Chateaubriand, proprietário dos Diários Associados, enviou o repórter Edmar Morel para retraçar o caminho de Fawcett e encontrar o suposto filho de Jack, a quem chamavam Dulipé (uma corruptela de Tügipe). A expedição de Morel alcançou Tügipe em fevereiro de 1944 e, em troca de presentes, o levou para a aldeia Bakairi e depois para Cuiabá. As fotos do indígena albino, vestido e com óculos garrafais, foram publicadas com destaque nos jornais de Chateaubriand. Tügipe acabaria sendo assassinado após uma briga em um baile, em 1959.

1945 [pp. 52-60]

1. A produção de sal vegetal a partir das cinzas de aguapé é uma especialidade dos Aweti. É um produto de valor que serve às trocas intercomunitárias típicas do sistema pluriétnico do Alto Xingu.

2. Nesta passagem, os não indígenas são denominados *itseke*, uma categoria que inclui os não humanos — invisíveis, elusivos, poderosos e perigosos — que povoam o cosmos kuikuro. No passado, era bastante comum designar-nos assim; hoje, no entanto, o termo de uso mais frequente é *kagaiha* (caraíba). Os Kuikuro costumam traduzir *itseke*

por "bicho". Neste livro, utilizamos o binômio "bicho-espírito" para acrescentar a ideia de invisibilidade — em situações normais, é claro, pois em sonho, transe e doença, os *itseke* podem ser vistos, assim como podem se tornar visíveis por meio de corpos e artefatos rituais.

3. As línguas jagamü (nahukuá) e kuikuro são mutuamente compreensíveis, apresentando pequenas diferenças lexicais e de prosódia.

4. Ipatse ou "lagoa pequena" é o nome de uma lagoa e de uma área em seu entorno, onde os Kuikuro vivem desde meados dos anos 1970.

5. Até aqui, vimos traduzido o termo *ngikogo* como "índio", mas agora o vertemos por "índio bravo". Para entender essa opção tradutória, é preciso analisar um outro termo kuikuro: *kuge*, "gente". *Kuge* designa uma posição: o humano em oposição ao *itseke*, o Altoxinguano em oposição aos outros indígenas (ditos *ngikogo*) ou aos caraíbas. Designa ainda um estatuto moral: uma criança se torna *kuge* à medida que amadurece e aprende a se comportar adequadamente. Um doente que se tornou um espírito (*itseke*) também pode voltar a ser *kuge*. Povos indígenas que ingressaram no sistema pluriétnico do Alto Xingu também se fizeram *kuge*, deixando de ser *ngikogo* e adotando os modos de ser e estar xinguanos. Aos olhos dos Altoxinguanos, uma das características definidoras dos *ngikogo* é seu comportamento violento. Eles são, por definição, "bravos". Daí esse qualificativo ter se tornado de uso comum no português de contato na região.

6. O que estamos traduzindo por "sítio" (*hihitsingoho*) é uma segunda morada de famílias extensas, distante da aldeia e próxima a áreas de terra preta. No passado, e em menor medida ainda hoje, esses sítios eram ocupados parte do ano, sobretudo na seca, para a produção de polvilho de mandioca, servindo ainda para o plantio de espécies que necessitam de solos mais ricos. Além disso, funcionavam como "casas de campo", local de sociabilidade mais restrita e íntima do que a aldeia. *Halu* é um pequeno lago em que se bate timbó quando está secando.

7. *Tajühe* é a casa construída pela comunidade para um chefe. Os pilares onde se amarram as redes bem como as laterais das portas devem ser feitos com a mesma madeira com que se fazem os postes (efígies) do Quarup (a saber, *Humiria balsamifera*, var. floribunda). A casa recebe ainda painéis pintados com diversos padrões gráficos e, mais raramente, esculturas em terra de três animais: sucuri, sapo e onça.

8. Os Altoxinguanos não comem mamíferos (à exceção do macaco-prego), considerando sua carne sanguinolenta e nojenta. Alguns afirmam que é essa alimentação carnívora que torna os outros indígenas (*ngikogo*) predispostos à violência. Ao trazerem a carne do veado para a *tajühe*, Nilo e seus guias a desrespeitaram. Os Kuikuro, assim como outros indígenas, costumam cuspir no chão ao sentirem um odor desagradável.

1946 [pp. 61-71]

1. Como vimos anteriormente, *aki* significa "língua", "palavra". Por sua vez, *oto* significa "dono" ou "mestre", designando a posse tanto de um objeto, como de um conhecimento. Assim, por exemplo, um *kehege oto* é um dono ou mestre da reza, podendo-se também vertê-lo por "rezador". Daí deriva a tradução de *aki oto* como "tradutor".

2. As flautas *kagutu* ficaram conhecidas na literatura por sua designação kamayurá: *jakuí*. Trata-se de um trio de flautas, cada qual com quatro orifícios de digitação, cuja visão é interdita às mulheres — estas devem ouvir a sua música, mas sem ver os instrumentos.

3. Os pescadores referidos aqui são aqueles que estavam pescando para a realização do ritual.

4. À época, os Kalapalo viviam em duas aldeias, uma ao lado da outra, Inhagü Hatoho ("Onde se fabrica o ralador") e Kunugijahütü (local de um espécie de cana, chamada *kunugija*, que as crianças usam para brincar e com a qual se fabrica um remédio para adquirir boa pontaria).

5. Sagagi era o principal chefe kalapalo à época. Ele morreria de pneumonia três anos depois. Agujá era Kuikuro e pai de Kamankgagü, um dos principais personagens do filme *As Hiper Mulheres*, dirigido por C. Fausto, Leo Sette e Takumã Kuikuro em 2011.

6. Pouco antes da realização de um ritual intercomunitário, o dono do ritual envia seus "mensageiros" (*tinhü*) para as aldeias que serão convidadas a participar da festa. São sempre três pessoas, hierarquicamente ordenadas.

7. Os Altoxinguanos praticavam um jogo de bola, feita de seiva de mangaba. Havia um campo delimitado em que dois homens, um de cada lado, deviam rebater a bola com o joelho. Hoje em dia, ele raramente ocorre.

8. *Tanginhü* é um caminho longo e retilínio pelo qual os convidados de outras aldeias chegam à aldeia que promove um ritual.

9. Kanato era filho do chefe Yawalapiti Aritana, morto pelos Aweti. Ele foi um ator central na construção do Parque Indígena do Xingu, graças à sua inteligência, capacidade diplomática e proximidade com Orlando Villas Bôas. Teve vários filhos, dos quais dois desempenharam um papel muito destacado no Alto Xingu: o mais velho, Aritana, era considerado uma espécie de "cacique geral" do Xingu dos anos 1980 até sua morte por covid-19 em 2020; seu irmão mais novo, Pirakumã, foi diretor do Parque do Xingu entre 1999 e 2002, e faleceu em 2015 durante um Quarup na aldeia Kuikuro de Ipatse. Como passaram a infância em aldeias de diferentes povos e casaram-se com mulheres de outras etnias, Aritana e Pirakumã eram poliglotas, expressando-se em várias línguas altoxinguanas e em português, o que lhes conferia uma posição particular enquanto tradutores e mediadores interindígenas.

10. Sapaim foi um importante pajé kamayurá, irmão do chefe Takumã. Ambos foram parceiros fundamentais dos Villas Bôas. Em 1986, Sapaim ficou nacionalmente conhecido por tratar o naturalista Augusto Ruschi, que estava morrendo em virtude da contaminação pelo veneno de um sapo da família Dendrobatidae. Após uma carreira urbana como curador, na qual se inclui o famoso "disque-pajé", Sapaim faleceu em setembro de 2017.

c. 1948 [pp. 72-80]

1. *Kuãhü* é o nome de uma festa e de uma máscara na qual se compõem cantos críticos e jocosos contra pessoas determinadas ("fulana de tal", "o chefe") ou coletivos ("as mulheres", "os homens", "os jovens"). É o único ritual xinguano em que o repertório não é dado de antemão, mas é produzido para a festa.

2. O Posto Jacaré (aberto em 1947) — posteriormente Base Aérea Jacaré (administrada pela FAB a partir de 1954) — resultou da articulação entre a Expedição Roncador-Xingu e o plano de implantação da aviação brasileira, que se delineia em acordos firmados com os Estados Unidos ainda durante a Segunda Guerra. A primeira pista de pouso aberta pela Expedição localizava-se ainda em Kahĩdzu, no território kalapalo. Esta, porém, seria logo abandonada, com os irmãos Villas Bôas se deslocando para o norte, a jusante do

rio Culuene, onde abririam a pista da futura Base Jacaré. Em agosto de 1948, realizou-se o primeiro voo do Rio de Janeiro a Manaus, com parada técnica para abastecimento no Jacaré. A nova rota permitia economizar cerca de oito horas de voo em relação à rota pelo litoral.

3. O futuro Posto Leonardo foi aberto em 1954 às margens do rio Tuatuari, um afluente do Culuene, sendo batizado inicialmente de Posto Capitão Vasconcelos, em homenagem a Vicente de Vasconcelos, membro da Comissão Rondon que comandou a exploração do rio Ronuro em 1925. Em 1961, quando da morte de Leonardo Villas Bôas, o posto foi rebatizado em sua homenagem. O local onde foi construído era conhecido pelos indígenas como "casa das ariranhas", por ser a morada de *itseke*, no caso, ariranha-espírito.

4. Os Altoxinguanos praticam uma luta esportiva que ficou conhecida na literatura pelo seu nome kamayurá, *huka-huka* (em kuikuro, *kĩdene*). Todo ritual intercomunitário, à exceção do Javari, tem como clímax a luta entre anfitriões e convidados. Mas a luta ocorre também em outra situação: quando um homem ou uma mulher se casa com alguém de outra etnia e se muda ou visita pela primeira vez a aldeia do cônjuge, ele ou ela deve lutar contra todos os homens ou mulheres jovens daquela aldeia. Aqui, Nahũ tem que lutar com os homens Kalapalo, pois sua esposa Sesuaka era filha de pai Mehinaku e mãe Kalapalo (sendo esta última filha do chefe Kauhé Kalapalo).

5. O humor aqui precisa ser explicado. É de boa educação dar a cabeça do peixe para o acompanhante que rema na proa da canoa enquanto o pescador flecha na popa. É uma forma de agradecimento. Ao mesmo tempo, a cabeça do peixe é considerada tabu (*taĩpane*). Quem a come com frequência não tem vida longa. Daí a brincadeira de Nahũ.

6. O Dono da Flecha (*Hüge Oto*) é um ritual cujo roteiro é dado por um mito que tem como protagonistas a Onça e o Tamanduá. Os cantos são majoritariamente em arawak.

7. Para ser realizado, todo ritual tem que ter um dono e de três a seis "pedidores" ou "coordenadores". Estes são, geralmente, especialistas em rituais que pedem a alguém para que se torne dono de determinada festa e que, em seguida, coordenam o trabalho para sua execução. Em kuikuro, eles são designados *tajopé* ou, no caso de festas de *itseke*, corpos (*ihü*), pois são eles que corporificam os bichos-espírito invisíveis.

1949 [pp. 97-105]

1. Após o parto, mãe e filho entram em reclusão, durante a qual não podem comer peixe. Ao findar esse período, o pai tem que sair para pescar com seus companheiros e trazer bastante peixe para a saída da reclusão pós-natal. Na ocasião, um especialista vai rezar o primeiro peixe da criança numa cerimônia simples que ocorre dentro da casa. Em seguida, os peixes moqueados serão distribuídos a todas as mulheres que vieram prestigiar o término da reclusão.

2. Trata-se provavelmente de Lourival da Mota Cabral, servidor do SPI.

1952 [pp. 106-32]

1. Trata-se provavelmente da inauguração das novas instalações do aeroporto do Galeão, ocorrida em 1º de fevereiro de 1952, da qual participaram altas autoridades civis e militares da República.

2. Nesta passagem, diz-se que Fawcett era *kagaiha kuigü*. Aqui ocorre o modificador que indica excesso, sobre o qual comentamos anteriormente. Fawcett não é apenas um caraíba, mas um caraíba magnificado, portanto mais poderoso e perigoso.

3. Como chefe que era, Mugiká fora enterrado no centro da aldeia e comemorado em um Quarup. Contudo, diante da insistência dos Villas Bôas para saberem do paradeiro de Fawcett, os Kalapalo resolveram desenterrá-lo e levar seus ossos até a lagoa em cujas cercanias o explorador britânico tinha sido visto pela última vez. Ele foi o escolhido, por ser um dos mais altos Kalapalo de então.

4. Em seu livro *Esqueleto na lagoa verde,* em que narra essa história, passada em 1952, o repórter do *Correio da Manhã* Antonio Callado escreve: "De pé na frente de todo o grupo estava Naho, o índio cuicuro que foi o único silvícola que encontramos falando, realmente, o português" (2010, p. 67).

5. Antonio Colbacchini foi um padre e etnógrafo salesiano que deixou uma importante obra sobre os Bororo. Na época dos eventos aqui narrados, tinha mais de setenta anos.

6. No original, *hüati* ("pajé"). Traduzimos também por "médico", uma outra ocorrência do termo, no final do livro, quando é dito que os médicos (*hüatãoko*) não puderam curar Nahũ.

7. Aqui temos outra ocorrência de nosso já conhecido termo *ngikogo*, "índio (bravo)". Trata-se de um uso posicional em oposição a caraíba, não indígena. Há alguns *ngikogo* que sonham e têm acesso a um plano de existência inacessível aos caraíbas.

8. O ardil indígena seria descoberto pelas análises morfométricas do esqueleto que era de um homem consideravelmente mais baixo do que Fawcett, que media cerca de 1,85 m.

9. O gaúcho Ayres Camara Cunha integrou a Expedição Roncador-Xingu desde o seu início e desceu o rio Sete de Setembro com a equipe de 23 homens já sob o comando dos irmãos Villas Bôas. Ele estava presente quando, em 7 de outubro de 1946, os Kalapalo encontram a Expedição próxima a Kahĩdzu. Com a abertura do Posto Culuene, Ayres Cunha se tornou chefe encarregado do posto. O "romance" com Jakuí e a ideia do casamento foram duramente criticados pelos indigenistas da época. Os Villas Bôas tentaram demovê-lo da ideia, mas Ayres Cunha não cedeu. A história vazou para a imprensa, dando início a uma polêmica entre aqueles contrários e aqueles a favor do casamento, até que os Diários Associados fizeram a balança pender para o matrimônio, o qual se realizou em grande estilo na igreja da Candelária, no Rio de Janeiro, em 29 de novembro de 1952. Milhares de pessoas se aglomeravam para assistir à cerimônia, que foi filmada e fotografada. Jakuí faleceu na aldeia Kalapalo em 10 de agosto de 1953, após o nascimento de sua filha.

10. *Üduhe* é, ao mesmo tempo, o termo geral para "ritual" e a denominação de um ritual. Na literatura, ele é mais conhecido por seu nome kamayurá: *Tauarauanã*. Os cantos são executados por um cantor com um maracá que se posta em pé, atrás de seu parceiro, que, sentado, faz um bastão percutir sobre um pedaço de madeira. Os homens dançam com os braços cobertos por folhas aromáticas de um arbusto chamado *kejite*. Jovens mulheres entram na dança, apoiando o braço esquerdo no braço direito do parceiro.

11. Entenda-se: a Globo da época. Isto é, as empresas de Assis Chateaubriand.

12. Darcy Ribeiro trabalhou no SPI de 1947 a 1956. Ele ingressou no cargo de etnólogo, atuando na Seção de Estudos que havia sido criada em 1940, com o objetivo de documentar a vida e os costumes das populações indígenas.

1954 [pp. 133-8]

1. Utiliza-se o mesmo modificador sobre o qual comentamos acima: *kugihe kuẽgü*. O termo *kugihe* quer dizer mais exatamente "feitiço", sendo o feiticeiro denominado *kugihe oto*, "dono-mestre do feitiço". Aqui ele é estendido às doenças infectocontagiosas dos não índios.
2. Como vimos anteriormente, este era o nome do local em que se ergueu o Posto Leonardo.

1959 [pp. 139-58]

1. Como já indicado, os Altoxinguanos consideravam todos os povos que não faziam parte do sistema regional do Alto Xingu como sendo índios bravos, *ngikogo*, com uma propensão atávica para a violência.
2. Ainda no final dos anos 1940, os Villas Bôas construíram uma pista de pouso e um posto a jusante da Base Jacaré, próximo à boca do rio Suiá-Miçu. Esse local se tornaria conhecido como Diauarum, ou "jaguar negro". É lá que Cláudio Villas Bôas se estabeleceria, enquanto Orlando ficaria mais ao sul, no Posto Leonardo. O Diauarum foi fundamental para a "pacificação" dos Juruna (Yudjá), dos Suyá (Kinsêdjê) e para a transferência dos Kayabi (Kawaiweté). Essa região toda ficaria conhecida como Baixo Xingu em contraposição ao Alto Xingu.
3. No Alto Xingu, há uma série de artefatos de valor que servem para o "pagamento" de bens e serviços (inclusive xamânicos e rituais). Os povos de língua karib são especialistas na confecção de adornos feitos de concha de caramujo; os Waurá são especialistas em cerâmica, enquanto os Kamayurá têm o monopólio da confecção de arcos pretos. Outros bens de luxo são produzidos por todos os povos sem distinção, como é o caso da plumária.
4. Prepori teve um papel central na vinda dos Kayabi do rio Teles Pires, onde estavam sendo acossados pelos caraíbas, para o Xingu, ainda na década de 1950. Em 1966, um outro grupo que vivia na bacia do rio Arinos foi transferido de avião para o Parque do Xingu.
5. O verbo aqui utilizado para descrever o evento da "pacificação" é *atakihekugijü*, "acalmar-se" — um ato reflexivo.
6. Malakujauá ou Malakuyawa é um personagem marcante na série documental *Xingu*, dirigida por Washington Novaes, nos anos 1980 para a TV Manchete. O grande chefe waurá faleceu em outubro de 1986.
7. Aqui ele não usa o verbo "acalmar". Da'á diz ter sido o *ukugekinhi* — algo como "aquele que faz sair a condição de gente" (*kuge*), que torna o outro gente, pessoa.
8. Kuyusi é, ainda hoje, o principal chefe Suyá (Kinsêdjê).
9. Txukarramãe ou Txukahamãe ("Donos da borduna") é o nome pelo qual eram então conhecidos um subconjunto dos Kayapó Mekragnoti, denominado Metyktire, que habitava a porção norte do Parque Indígena do Xingu e que foram "pacificados" pelos Villas Bôas em 1953. Seu território seria posteriormente separado do Parque, dando origem à Terra Indígena Jarina-Capoto.

c. 1960 [pp. 159-79]

1. Frente à possibilidade de criação de um parque indígena, o estado do Mato Grosso implantou a toque de caixa um projeto de colonização, alienando terras por meio de dois expedientes: por um lado, reservava vastas áreas para fins de colonização e, em

seguida, concessionava-as a companhias privadas responsáveis pelo loteamento e venda delas; por outro lado, vendia diretamente a particulares áreas inferiores a 10 mil hectares, limite máximo à época para alienação de terras, sem prévia autorização do Senado Federal.

2. A luta pela criação de um Parque Nacional que abrigasse os inúmeros povos indígenas do Mato Grosso remonta ao início dos anos 1950 e se consolida no chamado Anteprojeto de 1952, elaborado por uma comissão presidida pelo brigadeiro Raimundo Vasconcelos Aboim e integrada por Heloisa Alberto Torres, Orlando Villas Bôas e Darcy Ribeiro. A proposta era criar um parque com 20 milhões de hectares. Dez anos depois, quando foi assinado pelo presidente Jânio Quadros, o Parque do Xingu contava com uma área dez vezes menor. Essa primeira delimitação excluía territórios tradicionais, sobretudo em sua porção mais ao sul. Isso levou a um rearranjo territorial no Alto Xingu, com os povos se concentrando em torno do Posto Leonardo. Decretos posteriores, sobretudo em 1968 e 1971, retificaram a área demarcada em 1961, permitindo que, no caso, os Kuikuro recuperassem seu território.

3. Esta pequena história refere-se à transferência aérea daqueles poucos Kayabi que ainda se encontravam no rio dos Peixes, em 1966.

4. Jesco von Puttkamer era filho de um nobre alemão com uma brasileira. Com experiência em fotografia documental, foi convidado pelos irmãos Villas Bôas para acompanhá--los. Documentou as festas e o cotidiano dos indígenas no Xingu, bem como as expedições de contato, durante a maior parte dos anos 1960. Produziu diversos filmes para a BBC. Adrian Cowell foi um prolífero documentarista britânico que realizou filmes e séries no mundo todo. Em 1961, esteve pela primeira vez no Xingu e realizou *The Fate of Colonel Fawcett*. Entre 1967 e 1969, a convite dos Villas Bôas, acompanhou o contato dos Panará, então denominados Kreen-Akarore.

5. Rusgas entre Orlando Villas Bôas e os Kamayurá tinham levado ao abandono do posto. Paraná era um caraíba, sobre o qual nada sabemos.

6. Quando fala na praça central, o chefe refere-se ao seu povo, independente da idade, como "crianças".

7. Os Kuikuro costumavam chamar a espingarda de "nuca quebrada" (*tuhunkgetinhü*) em razão da maneira pela qual ela se abre para a inserção do cartucho.

c. 1963 [pp. 180-3]

1. O verbo *alunekijü* quer dizer "considerar-se a si mesmo como chefe".

Anos 1970 [pp. 184-9]

1. Em meados dos anos 1970, os Kuikuro mudaram-se de Ahangitahagü e abriram uma nova aldeia, próxima à lagoa de Ipatse, a cerca de 2,5 quilômetros de distância.

Anos 1990 [pp. 191-4]

1. José Vicente de Faria Lima, engenheiro militar e político, foi prefeito de São Paulo de 1965 a 1969, ano em que morreu e foi homenageado em um Quarup. Consta que, como piloto da FAB, Faria Lima realizou diversos voos para o Parque do Xingu.

Anos 2000 [pp. 195-8]

1. Trata-se do irmão mais novo do chefe principal Afukaká. Foi Orlando Villas Bôas quem lhe deu o nome Tabata, pois ele gostava de um quadro de um pintor japonês com esse nome, que havia no Posto Leonardo. Tabata fez parte do chamado "ministério de Orlando" e, por isso, falava bastante bem português. A partir dos anos 1990, passou a ocupar parte do lugar de Nahũ como tradutor. O "ministério" resultou de uma política dos Villas Bôas para prepararem sua aposentadoria. No caso do Alto Xingu, Orlando deixava o chefe primogênito nas aldeias para que continuasse a ser um chefe tradicional e levava o chefe mais jovem para o Leonardo a fim de treiná-lo para assumir, um dia, as rédeas do Parque do Xingu. Tabata e Pirakumã fizeram parte desse último grupo.

2. O Quarup marca o final do luto após a morte de um grande chefe no ano anterior. Para a ocasião, fabricam-se efígies feitas de umiri (*Humiria balsamifera*), que servem para figurar o morto principal e seus acompanhantes (chefes menores que podem ter falecido há bem mais tempo). Essas efígies são o duplo ritual do morto: seu corpo de madeira na ausência de um corpo vivo. As efígies do Quarup são ricamente decoradas com todos os adornos rituais. Ao terminar a festa, insta-se o morto a partir definitivamente e deixar a vida para os vivos. O termo "Quarup" é uma adaptação ao português do termo utilizado pelos Kamayurá para designar o ritual: *Kwaryp* ou "árvore do sol".

3. Como o Quarup, o Javari é um ritual funerário, mas nele não se comemoram chefes e lutadores, e, sim, cantores e arqueiros de festas passadas. O Javari foi incorporado ao sistema xinguano no final do século XIX, tendo se generalizado tardiamente. Sua origem é provavelmente Trumai, mas difundiu-se no Alto Xingu por meio dos Awetí e dos Kamayurá — o que explica que seja conhecido por sua denominação tupi, *jawari*. Os Kuikuro o chamam de *Hagaka*, termo que designa a ponta redonda em cera de abelha dos dardos lançados contra uma efígie e contra os adversários nos duelos. O ritual é visto como uma pantomima de guerra durante a qual os participantes podem se decorar e se comportar como *ngikogo*: isto é, como "índios bravos".

© Yamaluí Kuikuro Mehinaku, 2024

Todos os direitos desta edição reservados à Todavia.

Grafia atualizada segundo o Acordo Ortográfico da Língua
Portuguesa de 1990, que entrou em vigor no Brasil em 2009.

capa
Maria Carolina Sampaio
foto de capa
Acervo Instituto Goiano de Pré-História e Antropologia
(IGPA) da Universidade Católica de Goiás (UCG).
tratamento de imagens
Carlos Mesquita
pesquisa iconográfica
Gabriella Gonçalles
tradução, adaptação e revisão técnica
Daniel Massa, Rafael Zacca, João Carlos de Almeida, Carlos Fausto
revisão do texto em língua kuikuro
Bruna Franchetto, Mutuá Mehinaku, Trukuma Rui Kuikuro
pessoas entrevistadas
Jakalu Kuikuro, Yamunuá Ipi Kuikuro, Hugasa Magia
Kuikuro, Tagukagé Kuikuro, Kahala Kuikuro, Nahum Kuikuro,
Nikumalu Kuikuro, Ajahi Kuikuro, Laurinda Bakairi
preparação
Érika Nogueira Vieira
revisão
Huendel Viana
Ana Alvares

Dados Internacionais de Catalogação na Publicação (CIP)

Mehinaku, Yamaluí Kuikuro
    Aki oto : Api akinhagü = Dono das palavras : A história
do meu avô / Yamaluí Kuikuro Mehinaku. — 1. ed. — São
Paulo : Todavia, 2024.

    Edição bilíngue.
    ISBN 978-65-5692-703-9

    1. Literatura brasileira. 2. Historiografia. 3. Memórias.
I. Título.

CDD B869.3

Índice para catálogo sistemático:
1. Literatura brasileira : Memórias B869.3

Bruna Heller — Bibliotecária — CRB 10/2348

todavia
Rua Luís Anhaia, 44
05433.020 São Paulo SP
T. 55 11. 3094 0500
www.todavialivros.com.br

fonte
Register*
papel
Pólen natural 80 g/m²
impressão
Geográfica